U0004666

作者簡介

　　提姆‧洛瑪斯於1979年生於英國倫敦。他就讀於艾克頓中學及位於泰晤士河畔的里奇蒙學院。上大學前，他曾經前往中國，並在那裡教了六個月的英文。在停留中國的期間，他對佛教產生極大的興趣。從1998到2002年，他在愛丁堡大學完成心理學碩士學位，同時成立了一個叫做「大手」的斯卡搖滾樂團。接下來六年，他忙於錄音以及樂團的巡迴演出，並在一家精神病院兼差當約僱護理員。

　　2008年時，提姆獲得了西敏寺大學的獎學金，開始攻讀博士學位，他的研究主題是關於冥想對精神健康的影響。洛瑪斯後來改寫自己的博士論文，完成了一本叫做《陽剛、冥想和精神健康》（Masculinity, Meditation and Mental Health）的書，由帕爾格雷夫麥米倫出版社出版。之後，他在奇切斯特大學當副講師，同時在華威大學當研究助理。2013年時，他獲聘為東倫敦大學的專任講師，主要教授正向心理學。提姆寫作了許多學術書籍和論文，多數與冥想及佛教有關。

負面情緒的力量

駕馭黑暗的情緒走向更明亮的黎明

The Positive Power of Negative Emotions
How harnessing your darker feelings
can help you see a brighter dawn

提姆・洛瑪斯　　著
TIM LOMAS

吳湘湄　譯

晨星出版

本書獻給凱特

以及我所有的家人

目　次

銘謝　　　　　　　　　　　　11

序　　　　　　　　　　　　　13

1　悲傷　　　　　　　　　　23

2　焦慮　　　　　　　　　　51

3　憤怒　　　　　　　　　　75

4　愧疚　　　　　　　　　105

5　羨慕　　　　　　　　　141

6　無聊　　　　　　　　　173

7　寂寞　　　　　　　　　203

8　痛苦　　　　　　　　　233

進一步的協助與資源　　　255

附加資源　　　　　　　　259

Notes　　　　　　　　　261

Bibliography　　　　　　273

銘謝

　　我想要感謝一些對我很重要的人；沒有他們，這本書不可能完成。首先，是我生命中的摯愛，也是照亮我世界的陽光，我了不起的妻子——謝謝妳為我所做的一切！我也要將我最多的敬愛和感謝獻給我親愛的父親、母親、我的哥哥和妹妹；他們是一個人所能擁有的最棒、最可愛的家人。我也愛我住在利物浦和美國的其他親友。我想要感謝我在東倫敦大學的學生和同事，尤其是凱特・黑佛朗和艾泰・艾弗藏，謝謝他們這幾年來的鼓勵和支持。衷心感謝我傑出的經紀人艾斯蒙・哈姆斯華斯；沒有他的指引，這本書不會誕生。我也要感謝我的編輯，克勞蒂亞・康諾，以及出版社的整體團隊：我真的很感謝你們願意在我身上冒這個險，並幫助我盡善盡美地完成此書。最後，我要謝謝我所有的好朋友們：謝謝你們這麼多年來的陪伴和照顧。我真的很感激以上所提的每一個人：沒有你們，我不可能寫出這本書。在這裡，我將這本書以及所有的愛獻給你們。

序

　　我們都想要快樂。我們都渴望能解脫痛苦和折磨，渴望能擁有充滿關愛與歡笑的幸福時光，渴望能盡情享受我們在這個世界上的短暫居留。這些都是人類內心深處永恆的渴望。由是，我們被不斷擴大的、如沙漠裡的綠洲般的各種途徑撩撥著，希望能往那些稍縱即逝的目標邁進。書店裡堆滿了各種保證會向我們揭露快樂之秘密的自助書籍。社會媒體也充斥著大師們誘導的聲音，信心滿滿地承諾會引領我們前往快樂的妙境。沒錯，我自己的專長，正向心理學——研究幸福的科學——也已提供了隱身在這一切背後的諸多理論及探討。那些承諾，充滿誘惑地告訴我們，只要我們能夠培養一個樂觀的心態，或打造一些重要的有意義的人際關係，那麼，彩虹人生也就離我們不遠了。而只要我們願意觸及，那報償似乎取之不竭。快樂被形容的彷如一把金鑰，可以開啟一扇通往無數珍貴寶藏的大門——從成功到身體康泰等，應有盡有。

這是一個美麗的夢想。誠然，研究也指出，快樂與心理素質（如樂觀等），以及生活條件（如親密關係等）息息相關。而如果人們**感到**快樂，許多證據顯示，它還能夠引領我們獲得其他回報——從事業上的快速升遷，到尋獲那給予我們生命意義的靈魂伴侶。

然而，麻煩的是，快樂的追尋可能很虛無飄渺，而引領我們前進的「正向」素質，也可能很難獲得。大多數人並無法輕易地就調整自己所需的心靈亮度，或快速地進入樂觀的心態，而這也是為何那麼多人求助於自助書籍，最終卻只是變得更迷惘、更失落而已。當然，我們也有燦爛的時刻——轉瞬即逝的歡樂與幸福！但更多時候，我們在迷霧中掙扎，受困於憂慮、恐懼、和哀愁。樂觀是通往快樂的途徑，快樂則能打開健康和成功的大門——有這個認知很好。但是，我們若無法擺脫那焦灼的悲觀，這時，我們該何去何從呢？我們的感受可能比之前更糟：忍受焦慮已經夠艱難的了，但得知我們應該開朗、樂觀卻又無法做到，便只是更加深我們的憂慮而已。我們對自己的感到焦慮深感焦慮，我們對自己的感到悲傷更覺悲傷，於是，我們在令人沮喪的深淵裡，越陷越深⋯⋯

重省黑暗的價值

如果以上所述對你而言都是事實，如果你因熟悉那些人

性經驗的黑暗面而常覺疲憊，那麼本書或許能提供你一則革命性且令人振奮的訊息。你那些「負面的」感受不僅正常、自然，甚且能夠轉化成一條通往你自己所追尋的那種快樂與成就的途徑。那些「負面的」情緒**沒有錯**；而我們如果正在體驗它們，我們並不是失調或生病了。悲傷、憤怒、焦慮等等的感受，都是絕對自然的情緒。沒錯，這些感受不但正常，而且通常是絕對的**恰當**。如果我們失去所愛的人或受到了傷害，那麼悲傷或憤怒當然是正確的感受。它們都是**正確**的情緒。假如我們承受了背叛或喪親之痛，卻還能毫無所謂地感到快樂，那麼就某種意義而言，這反而是很不適當的事。此外，這種黑暗的情緒不僅自然、恰當，它們還可能是真正的價值之源頭。在事發的當下，那些情緒無論有多痛苦，它們可能都隱藏著有助我們邁向光明──邁向幸福的黎明──的強大訊息及能量。因此，我們若能從中學習，並有技巧地運用它們，那麼這些黑暗的情緒，便都可能轉化成奇特且意想不到的救贖之源。

但我必須強調，我在此所想闡述的並非精神疾病，如抑鬱症。浪漫化那些承受這類折磨的人之苦境，或宣稱他們的負擔微不足道，對我而言都是一種對受苦者的公然侮辱。話說回來，我也不會冒昧地建議說，他們的痛苦**缺乏價值**；或宣稱說，那個疾病不能賦予受該疾病折磨的人某些或許能夠讓他們變得較懂感恩的特質，例如對他人的困境有了感同身受的敏銳等。即便深陷在巨大的悲痛與疾病中，人們仍會用

各種各樣的方式來尋找自己生命中的救贖和意義。然而，不論前者或後者，這本書都不是一本有關精神疾病的書。它所探討的只是我們偶爾都會感受到的，從悲傷到憤怒，這種**正常的**黑暗情緒。

當然，如何區別精神疾病和**正常**情緒之間的差異——也就是兩者間的那條界線在哪裡——其本身就是一件複雜且充滿爭議的課題。不過，在這本書裡，我將隨時建議這條線的可能位置，以及如果跨越了那條界線時，我們該怎麼辦。整體而言，我會依循《美國精神醫學學會》（American Psychiatric Association）所畫下的線——也就是他們所制定的精神失調之指標。在本書的結尾，〈進一步的協助與資源〉則將提供最常見的兩種精神疾病——抑鬱症和焦慮症——的基本診斷標準。至於其他精神疾病，讀者也可在這一節所提供的幾個網站裡找到它們的評量指標。至於關心自己是否越過界線的讀者——不管何種疾病——我鼓勵他們儘快就醫，如此才能獲得適當的指導與支持。

所以，這本書所要探討的，是被稱之為**負面情緒**的那個模糊、麻煩的領域。那些黑暗的感受——從悲傷、焦慮，到愧疚、寂寞等——都會降臨在我們所有人的身上。除非那條界線被嚴重跨越了，否則它們不算是精神疾病，只是人類境況的固有層面。然而不僅如此，如前文所提，黑暗情緒不僅是正常、自然、且恰當而已；從某個微妙且有點矛盾的角度來看，比起貌似**正面**的情緒來，它們也可能是通往更深刻、

更豐富的幸福狀態的道路。譬如，悲傷可以讓我們包容生命中的脆弱之美，或懷抱著愛與憐憫對他人伸出援手。同樣的，正義的憤怒會讓我們對某些道德的沉淪產生警惕，並激勵我們去對抗社會的不公不義，為世界能夠變得更美好而奮戰。

或許我們不能主動**選擇**是否要去體驗這些負面情緒；但如果我們能夠，並且能有技巧地駕馭它們，那麼也許我們會發現，原來那些情緒可以幫助我們強大，如同黑暗最終必將屈服於黎明那般。

道路

因此，本書將帶領大家橫越人性體驗的黑暗沙漠，走上一條深具啟發性且最終令人振奮的康莊大道。雖然這條路有不少艱辛處，但我們將看到，我們所曾經經歷的那些陰影，或許正是我們生命中意想不到的安慰與光明的來源。本書共分八章：悲傷、焦慮、憤怒、愧疚、羨慕、無聊、寂寞、和痛苦。每一章都會討論一個概括性的訊息，深入某種特定的情緒要素，直達其價值核心。由是，我們將看到，悲傷在本質上其實是一種愛與關懷的表達。焦慮是我們的警報系統，能提高我們對危險的警覺。憤怒可能是一種道德情緒，它在提醒我們自己遭到了不公平待遇。愧疚是在暗示我們對自己失望了，並督促著我們向上提升、變得更加美好。羨慕激勵

我們去改善自己和自己的人生。無聊能夠開啟創意和自我超越的大門。寂寞給我們發出自己內在真正聲音的機會，並教會我們自給自足。而痛苦雖會摧毀我們，但同時也以更具意義的方式重塑我們。

　　本書的每一章都會開啟一道課題，並討論與之相關的個別元素。在悲傷這一章裡，我們將深入探討表達愛與關懷的各種方式——從做為一個讓我們免於傷害的守護者，到成為一個與「我們所愛及所失去之人事物」的寶貴連結。接下來，我們將探索焦慮如何對即將發生之危險給予我們預警，並讓我們能夠繼續專注在當下的挑戰上。我們也將看到，焦慮不但不意味著過度謹慎或甚至膽怯；反之，對走出舒適圈及人格發展的過程而言，它是一種再自然不過的反應。至於憤怒，我們會明白，它其實是一種道德情緒，一種我們遭到不公平待遇的徵兆。而我們需要有技巧地駕馭它；否則，它就可能會惡化成腐蝕性的情緒，例如仇恨。最後，這一章將詳細探討如何有技巧地運用憤怒，有如刻意告發一條罪行般——從努力收集能夠雄辯滔滔將之公諸於世的證據，到運用智慧和憐憫以求得正義之聲張。接下來一章，我們將學到，愧疚會透過憤怒的道德關注，直指我們的過失；藉此，我們將探索為何我們有時會選錯道路的原因，並發現自己的行為有多糟糕。然而，那些道路也並非全都是錯誤的。因此，我們即使永遠都無法擺脫內心的愧疚，但至少我們可以在比較精確的動機之引導下，努力發展一種**比較好的**愧疚感。

接下來是羨慕。同樣的，羨慕也可以成為督促我們改進自己及自己人生的一種鼓舞力量。在這裡，我們的核心任務便是要遠離**邪惡的**羨慕——也就是只會怨恨別人擁有我們所沒有的——並走向**具競爭性的**羨慕，因為那樣的羨慕將激勵我們去為自己贏取自己所渴望擁有的。此外，如同愧疚，有些需要比起其他需要來更重要；因此，我們可以利用這樣的認知提升自己、努力完成自己更崇高的目標。接下來，我們在無聊這一章所要進行的，是一個對無聊狀態的重新評估。假如我們以**正確的**心態沉浸在無聊中，那麼我們可能會找到一扇通往神秘與謀略的大門——從促進創造動力，到啟發對生存的洞悉。在倒數第二章裡，藉由將寂寞轉化成一種較知足的孤獨狀態，我們將努力與寂寞和平共處。這並非不可能，只要我們能領會孤獨其實可以賦予我們發展正向人格的力量（如道德勇氣），甚且帶領我們攀上精神之高峰。在最後一章，我們將處理痛苦——也就是引發以上所描述的其中任何一種或綜合以上全部七種情緒的創傷或苦難。透過痛苦，我們將看見救贖的可能性；而在通過考驗我們的磨難後，我們最終將以感恩的心態再生。

在開始這個旅程前，我想先簡單介紹一下本書的特色。為了闡述「每一種情緒都會以數種方式對幸福做出貢獻」這個理念，我會將我們的內在想像成一個充滿比喻性人物的世界。其中每一個人物都象徵著某種特定情緒的一個獨特層面，而當全部人物放在一起時，它們就涵蓋了該情緒的總體

精髓。譬如，在第一章裡，我介紹了七個象徵性人物，而其中的每一個都反映了「悲傷是一種愛與關懷的表達」這個核心價值——從保護護士（保護我們免於損害直到傷口復原的人），到火焰的守護者（護衛我們與已逝之親人的連結的人）。當然，這些象徵不應該從字面上來詮釋；它們所意味的並不是某些混亂的、解離的聲音——也就是經常與某些精神疾病相關的「多重人格」。它們其實只是我們在人生旅途中所體會的無數經驗、視野、和聲音的各種脈絡；而當這些脈絡全部被編織起來時，它們就創造了我們的整體人格特質。我們的精神用不同的音調——對愛的大膽表達、對希望的渴切呢喃、對喪親的悲痛哭泣等各種音調——在不同的時刻發聲。我給每種聲音都貼上了一個文學標籤，將它們擬人化。這些標籤有助於我們將每一種情緒的珍貴元素帶入生命裡，讓我們能夠體會那些涵蓋其總體價值的細微差別。

　　在這些象徵性人物所提供的架構裡，那些曾經在黑暗情緒中追尋並（或）發現某些價值的人們，他們的個人故事將會適時地被用來鼓舞我們的人生之旅。由於我自己也曾體驗過那些感受，因此我也會借用我自己的個人經驗，以一種團結及陪伴的精神，來跟讀者分享我個人的領悟。除此，我也會借用尖端科學論述來帶領我們的道路，以確保我在本書中所提供的洞察之準確性。

　　我希望這些元素的組合能夠創造出一條穿越黑暗之旅的光明道路，並揭示：即便最黑暗的夜，也能帶來黎明的希望之光。

第一章

悲傷

　　將悲傷做為我們踏上旅途的第一站，乍看似乎有點令人生畏。凝視著那個寂寞的深淵，我們已經手足發顫、全身籠罩在寒意裡。的確，當我開始思考寫作這一章時，我自己就覺得有點呼吸困難。如同許多人，我也時常感受到自己身上的悲傷氣息，並且對深入那個黑暗領域，深覺恐慌。然而，用悲傷來開始我們的旅程，也許更能讓我們領會本書的關鍵訊息，那就是：所有的黑暗情緒，包括悲傷本身，不僅都是正常的，甚且能成為意想不到的意義與價值之源泉。

　　聽起來或許有點令人吃驚。從表面上看，悲傷顯然是一種完全無法彌補的感受——一種絕望、不容更改的狀況。當然，它也是快樂的反面論述，一種喜悅和快樂的絕對缺乏。沒錯，就某種意義而言，悲傷的確是一個黑暗且預示著不幸的地方，一個很少人會主動選擇去探訪的地方。因此，我無意當一個站在路口、精明地試圖向你推銷悲傷的陰暗人物。

我的目的不是要將悲傷說得似乎很誘人或甚至很必要，彷彿我們非悲傷不可似的。這本書不是一本有關「應該怎麼做」的書。老天知道，我們已經承受太多負擔——包括那些「我們應該如何感受及反應」的壓力——卻從未因那些負擔而增添多少期望。

但若悲傷降臨在我們身上——這是每個人偶爾都會有的遭遇——我們該怎麼辦呢？這是錯的嗎？我們應該感到羞愧、接受斥責、甚至以醫學方式處理它嗎？或者，也許我們可以藉由承認它是一種完全自然且恰當的情緒，甚至矛盾地說，是一種可以幫助我們成長的情緒，而努力去跟它和平共處？

悲傷與抑鬱症的區別

說到悲傷的潛在效能，我必須馬上強調，我現在要談的並非**抑鬱症**——一種嚴重、深具破壞性、且令人衰弱失能的疾患。沒錯，世界衛生組織早已做出令人憂心的預測：到2020年時，抑鬱症將成為這個世界排名第二的失能負擔[1]。誠然，當我們企圖區別悲傷和抑鬱症的不同時，那一灘水馬上就變得混濁了，因為這兩者之間有許多複雜的重疊處。在經常使用的悲傷光譜上，我們看到悲傷會逐漸地轉變成抑鬱。然而，重點是，那個光譜所呈現的並非一個危險的滑坡，並且在其上悲傷最終將無情地滑入抑鬱的長期危險中；反之，悲傷光譜這個理念所代表的是：悲傷是正常的、自然的，是人類景況的一個固

有（雖然不幸）的層面。話說回來，假如悲傷變得足夠強烈，且（或）持續的時間不斷延長，那麼，它就有可能會越過兩者之間的界線，成為抑鬱[2]。當悲傷「出了問題」，那麼悲傷變成抑鬱的時刻便會出現[3]。至於那條界線可能在哪裡，我推薦大家參考「美國精神醫學學會」所制定的指標。但最重要的是，假如你擔心自己可能有抑鬱的傾向，或者，如果你覺得自己有了任何一種精神疾病的問題，我的建議是，請儘快就醫。你的醫生將會提供你適當的引導和協助。

然而，在探討一個人越過界線變成抑鬱之前，有一點很重要，那就是我們不能將**正常**的悲傷視作一種疾病。悲傷是人性的一部份，用十四世紀教士湯瑪斯・金碧士的話來說就是：它是一種「人類靈魂恰當的哀愁」[4]。這一個觀點很重要，因為我們總是想用醫學的方式處理本書所討論的這些負面情緒，將它們視作需要用藥物治療的疾病。例如，在安東尼・霍威茲和傑若姆・威克菲爾德合著的書《悲傷的遺失》裡，他們就強調說：悲傷的寧靜尊嚴已經逐漸被侵蝕和遺忘，已經被納入了抑鬱症的醫學概念裡。隨著這個侵蝕——受到如精神病醫學這類影響的驅使——悲傷很可能簡單地被視作一種輕微的抑鬱：比較不嚴重，但仍然是**錯誤**且令人討厭的。近年來，在面對這個悲傷的潛伏侵蝕時，霍威茲和威克菲爾德已經開始引領出一種反向運動。這個運動企圖重建**正常的**悲傷，將之與臨床上的抑鬱症區別開來，並承認它在人類一般情感的表單中，有其正當性的位置。

當悲傷以這樣的方式正常化時，它令人遺憾的普遍性和共通性，顯然就可以成為一個很好的出發點了。沒有人會對命運的無常、對震撼生命的失落、或喪親之痛，無動於衷。在這些情況下，悲傷是全然恰當的反應。悲傷如此普遍，因此來自於它的溫馨提示，或許正能夠幫助我們培養某種程度的「接受」──既接受損失本身，亦接受悲傷是一種正確的反應這個觀念。佛陀在兩千五百多年前就採用了類似的教導方式；並且從那時候起，這個方式就一直在給予數以千萬計的人們慰藉，無論是佛教徒或非佛教徒。以下就是這個故事。某個悲痛的母親，迦沙·喬達彌，陷入了失去孩子的極度痛苦中。悲痛之下，她向佛陀討取能夠使她的孩子神奇復活的靈藥。大慈大悲的佛陀說，祂可以幫這個忙，只要她能找來一把芥末子，並規定說，那一把芥末子必須從一個從未失去所愛之人的家庭裡取得。可憐的迦沙挨家挨戶地去問，希望能找到一個從未承受過這種喪親之痛的人家。不用說，每一個家庭都有屬於它自己的悲傷故事；他們與迦沙分享自己的悲傷，並在彼此共有的悲傷中建立起連結。雖然這並不能減緩迦沙的痛苦，但她與那些跟她一樣承受過類似喪親之痛的人們之間的交流卻讓她明白，悲傷是人性的一部份。最終，她學會了接受自己的失落，並同時瞭解到：死亡是人類存在固有的一環。

在以這樣的方式培養「接受」的理念時，佛陀還提到了「兩支箭」。當我們失去某個摯愛的人時，我們會被強烈的

悲痛刺穿。這樣的痛，或其他任何形式的痛，就是第一支箭，一支其本身便足以重創我們的箭。但是，我們也總是對那個最早的反應產生反作用，於是開始對覺得悲傷感到悲傷（或者，譬如說，在另外一種狀況下，開始對覺得憤怒感到憤怒）。這種「第二級反應」——在心理學裡被稱之為「後設情緒」（meta-emotion），也就是**關於**某種情緒的情緒——就是那第二支箭。它所造成的創痛不亞於第一支，有時甚至更痛、更具破壞性。要拔除第一支箭以減緩我們在經歷如喪親這樣的失去或傷痛的感受，也許不可能。然而，如果我們願意努力去接受自己的感受——或許可以將之視為我們在生命中的某些時刻所必須承載的負擔——那麼至少我們可以與它和平共處，並藉此撫平第二支箭所造成的痛苦。

我們不需成為佛教徒才能領悟「兩支箭」的觀念。誠然，佛教中的這個「接受」觀幾乎在每個宗教傳統以及更廣泛的精神與療癒的論述裡，也都曾一再被強調過。例如，來自各行各業以及各種宗教傳統裡數不盡的人們，便都曾從美國神學家雷因霍爾德・尼布爾的名著《寧靜祈禱》一書裡獲得安慰與指引。那本書對接受觀有非常美麗的闡述：

> 上主，請賜給我寧靜，讓我能夠接受我無法改變的事情，
> 請賜給我勇氣，讓我能夠去改變我能夠改變的事情，
> 也請賜給我智慧，讓我能夠體會它們之間的不同。

　　然而，即使我們能夠視悲傷為正常，並因此而能與之和平共處，我們仍可能會把它視作一種可恨的、避之唯恐不及的情緒。某件事是「自然且正常的」，這樣的事實並不能賦予它正當性或高貴的情操。畢竟，疾病也是「自然的」，但絕大多數的人都不會想要生病。不過，更重要的是，我們可以在觀念上更進一步，並在悲傷中努力辨識出一些價值來。這麼做很重要，因為那意味著我們不僅能夠接受生命中有悲傷的存在，並且學會了在某種程度上**感激**它。也許我們能夠理解到，即使悲傷有其憂鬱的面貌，它卻能扮演一個有用的角色，幫助我們擁有一個圓滿、充實的人生。基本上，我們之所以會悲傷，其主要原因是因為我們所在意的人、地方、或事物受到了威脅、傷害，或遺失了。從這個角度來看，我們就能瞭解，悲傷其實是「愛與關懷」的一種表達。

　　為了闡述這個理念並梳理其中的細微差別，請大家先將自己的內在想像成一個充滿了優雅、天使般的人物的地方。如同我在序裡所解釋的，提到這樣的人物時，我並不是在暗指任何不尋常的東西，或將它們比喻做那些通常與「瘋狂」有關聯的現象，例如幻聽或多重人格等。並非如此。這些人物都只是隱喻性的，它們所象徵的是悲傷在我們內心中以一種「關懷之表達」在運作的一系列不同的方式。在這一章裡，我們將遇見七個這樣的人物。而第一個就是：**戰場軍醫**。

戰場軍醫

有時，悲傷會在我們不知不覺中，慢慢地滲進我們的意識裡；有時，悲傷會在剎那間湧至，像一支大鐵鎚般，猛烈地將我們劈倒。

如同許多人，我也曾受過普遍認為是很尋常的一種傷害：被愛人拋棄。雖然我後來明白，那種難過絕不是世界末日，但在當時，我卻實實在在有世界末日的感受。我在青少年時期，曾著迷於我的第一個女朋友。當時的我很天真，辜負了朋友、家人、以及最後我自己的期許。為了那個新奇又刺激的感情，我犧牲了一切。沉淪終於到頭，事情發生了。十八歲的我，在她上大學時，追隨她到一個遙遠的城市去。但不到一個星期，她就丟開我，加入了她的新同伴。我急遽墜下，直接摔入悲傷的泥淖裡。所有曾經被這樣拋棄過的人，就能體會我當時所感受到的痛苦。而且那個悲傷也不短暫，它縈繞在我心靈整整好幾個月。

所幸，我開始逐步重建自己。那是一個緩慢的、向上的掙扎，包括了許多自我反省、嘗試新戀情、逃避到中國（我將在下一章詳述此經歷）、以及自信心和力量的慢慢累積。但是，在那之前，我身陷黑暗中，且長達幾個月。那是一段難熬的日子。除了被拋棄的悲傷外，我同時也承受了其他一些傷害：背叛、困惑（我迷失在混亂的「為什麼」裡）、受傷的自尊心、及無邊無際的寂寞等。奇怪的是，我竟然在那

個遙遠的大學城裡待了三個月：沒有結識新朋友，只沉浸在一種懊悔的自我放逐裡，還下定決心要撐到聖誕節來臨。我在一家鞋店打工（令人痛恨的工作），也在一家旅館裡短暫當過失敗的吧檯服務生（才上班幾天，我就因打破一張大玻璃桌而很丟臉的被解雇了）。除此，我很少走出賃居的公寓。換言之，在深深的悲傷和痛苦中，我逃離了這個世界，而這就是我們在這裡要討論的第一個悲傷角色：**自我保護**。

有時候，生命就像一座戰場，我們不可避免地會受傷，尤其是感情所造成的傷。我們之所以會受傷，那是因為我們關懷某個人，因為我們愛他們；而那個關懷、那個愛，是一件十分珍貴的東西。但是，我們也需要關愛自己，而悲傷正可以幫助我們這一點。當我們脆弱時，我們會抽離、會撤退、會催促自己去尋求庇護之處，以便遠離那傷害。這讓我們想到戰場上的軍醫；他在戰區中忙碌地拯救失去行動力的士兵，以防他們受到更大的傷害。當我們受到傷害並因悲傷而想逃離這個世界時，那就好像我們內在出現了這樣的一個軍醫。他衝到我們身邊，對我們說：「我們必須將你從這一團混亂中撤離」，然後催促我們緊急轉移到另一個較安全的地方，去休養生息、恢復力氣。

在心理學裡，這個保護機制有時被視為某種形式的精神痛苦——與肉體的痛苦並列[5]。辨識肉體的痛苦很容易——我們的身體發出訊號，告訴我們某個特別的刺激具有傷害性，而且（或者）我們已經受到創傷，因此，需要保護及治療的

措施等。當我們碰觸火焰時所感受到的肉體痛苦，就是我們學習火的危險所能夠擁有的最純粹、最直接的教訓。同然，我們手指燒傷所承受的肉體痛苦，便是身體在告訴我們，我們的皮肉已經受損了，需要療護。而最後，我們終於學會了小心。悲傷所帶來的錐心之痛，有時便擁有這樣的功能。某種情況已經出現了傷害性，而且我們必須撤退到一個安全的距離——這就是我們內在的一個徵兆。它就是我們內在的「戰場軍醫」，為了自我保護，正努力地要將我們從戰場撤離。而若沒有這個撤退的誘因，我們就可能會繼續沉浸在傷害中，並且會因為脆弱而受到更嚴重的創傷。

我的悲傷最後促使我放棄了前女友，並停止想要贏回她的一切徒勞之舉。當然，我也曾因為某種古怪的絕望而衝動地想要接觸她、哀求她再給我們彼此一次機會，就好像神智不清的士兵企圖要回到戰場那般。所幸那樣絕望的時刻並不多，且越來越少。基本上，我的悲傷讓我放棄無謂的戰役，並放下我明白已經無法挽回的感情。這非常的重要，因為當時我雖然感到很痛苦，但長遠來看，那才是我真正需要的。我必須受苦、對那段關係感到絕望，如此才能撤離自己，並在最終走上一條較好的道路。

然而，一旦撤退，我們就必須修復、復原。這時，我們下一個悲傷的化身就該出現了——保護的護士。

保護的護士

軍醫也許能夠護送我們退出戰場,免於進一步傷害,但接下來呢?雖然短暫退出這個世界有其助益,但是容許這樣的撤離持續下去,卻是危險的事。畢竟,大多數的情感關係並非作戰,而生命也不是經常處於戰區。何況,一旦復原,我們的人生還有許多重要的事情要做。當然,這並不表示我們應該試圖忘記自己曾有的損失。以喪親為例:喪親之痛可能一直存在我們心中,且那個傷痛可能正是我們與已經失去的所愛之人的連結。但我們仍然需要重拾自己、整理自己、並繼續生命未完的旅程。我們不斷前進,因為那才是我們應該做的事。除此,既然我們不知道應該有何種期待,那麼我們就更需要懷抱希望,因為翻過地平線也許就是陽光燦爛的山谷。另一方面,如果撤離的狀況成為常態,如果悲傷持續存在,那我們很可能就會陷入患上抑鬱症的危機了。

我並非想藉此宣稱患上抑鬱症的臨界點在哪裡。根據「美國精神醫學學會」的評估標準,連續兩周情緒低落,再加上其他一些徵狀(如渾身乏力等),就是抑鬱症確診的依據。然而,這樣刻版的描述不見得永遠正確。例如,我在與女友分手後連續幾個月的悲傷期間,從「美國精神醫學學會」的指標來看,我可能已經**學理性**地得了抑鬱症。但從另一方面來看,在聽了我的故事後,一位敏銳的醫生或許不會下此診斷,反而可能會將我的憂鬱視為一個年輕人在感覺痛

苦和迷失時的一種反應而已。所以，「可接受」的悲傷期因人而定，更視情況而定。話說回來，任何時候我都鼓勵讀者去諮詢醫生，如果你擔心自己的悲傷已經變得過度強烈且（或）持續延長的話。

當然，我們都希望在受到照護後，能夠恢復健康，以便有能力重新加入生命的轉動。而這正是悲傷的第二個功能：在我們恢復力氣期間，保護我們的安全。在戰場軍醫帶我們遠離傷害、將我們從痛苦的情境撤離後，悲傷可以確保我們停留在庇護所裡，直到我們足夠強壯、恢復行動力。從這角度來看，悲傷就像是一名保護的護士，照顧著受傷的士兵，直到他們恢復健康，能靠自己的雙腳站立為止。神經生物學家認為這是一種類似「冬眠」的狀態[6]。如同某些動物會從冬天的酷寒中撤離、找一個溫暖的窩睡覺那般，悲傷也可以被視為一個黯暗卻具有療癒能力的繭。當我們受傷時，我們蜷縮在那個繭裡，保持我們的能量並補充我們的元氣。而悲傷就是那個護士溫柔、撫慰的聲音；它哄我們入眠，並叮嚀我們要平安健康地躺著，直到陽光來臨。

於是，在我們最脆弱的時候，悲傷保護我們、守衛我們。而它完成這個使命的一個強大方式，便是引出我們身邊的人對我們的關懷。請想像一個你並不認識的、正在痛哭流涕的孩童，他很明顯地在悲傷。你對他會如何反應？多數人都會立刻去幫助：那孩子的憂傷激起了人們想要伸出援手、給予安慰與協助的渴望。因此說起來，悲傷以及與之相關的

所有動作（包括哭泣），都會被視為一種「訊號行為」的有力形式，是有道理的[7]。「發出訊號」能讓他人看見我們內在的世界，對周遭的人散播我們的情感狀態，並向他們提示我們的痛苦。它會吸引我們的保護者、照顧者、和有愛心的人——也就是看守我們並照顧我們恢復健康的守護天使們。

但是，在這個保護及恢復的復原階段，悲傷的功能不僅是引出他人的協助而已。透過進入冬眠這個動作，我們也獲得了一個機會，讓我們能夠審視，並重新評估最先令我們落入這個低潮的事件與選擇。悲傷會給我們「總是想要採取行動」和「喜歡顯得忙碌」這樣的瘋狂傾向一個喘息的機會，而這個喘息給重要的質疑過程創造了時間和空間。有時候，我們就是需要在人生路途中偶爾「暫停」，並問自己一些關鍵性的問題。我要去哪裡？對我來說，這是一條正確的道路嗎？我為什麼正在往這條道路前進？在停駐、疲憊、與脆弱中，我們甚至就有可能在樹叢下發現生命中常常因為匆匆路過而忽略的某些清新小徑。我們看見之前未曾注意到的東西，曾經封閉的視野與體悟也被開啟了。而就在這些清晰明瞭的時刻裡，我們遇見了悲傷的第三個化身——**真相的見證者**。

真相的見證人

有時候，悲傷的眼淚會讓我們恍然大悟、看清真相。淚水就好像一場冗長、陰暗的雨季；它清洗了大地，掃除了累

積的塵垢與汙泥。我們開始看得更清楚，並調整自己的步伐，往更好的方向前進。我與女友分手的悲傷，讓我痛苦卻最終清楚地瞭解，那是一段多麼任性的感情。我明白了事情的真相：我需要自食其力，並掌握自己的人生。而這樣的覺悟迫使我，即便在悲傷、不穩定的狀況中，去跟**保護的護士**說再見，並展開一次前往中國的旅程，大膽躍進未來。我看見了我需要選擇的道路——一條在我跌倒前因為太專注於其他而無法辨識的道路。因此，在悲傷中，我們有可能成為一個**真相的見證者**。而那個感覺，在當下，雖然可能很痛苦，但最終卻對會我們有助益。

悲傷能開發人們更清晰的覺悟和感知，此一概念曾在研究實驗室裡被證實過。兩位著名的心理學家，喬瑟夫·福格斯和莉百嘉·伊斯特，就曾對此進行過一次巧妙的研究[8]。在實驗中，他們安排二十四名研究生（學生經常被迫參加這類實驗！）進入校園裡的一個房間。房間裡的桌上放著一個裡面裝有一張電影票的信封，而學生可以自行決定是否取走電影票。在離開房間後，所有的學生都接獲指示，他們要在接下來與研究者的錄影訪談中否認取走了電影票，不管他們到底有沒有取走。然後，福格斯和伊斯特錄下了說實話的學生（那些沒取走電影票的），和說謊話的學生（那些取走電影票的）的證詞。此實驗就在這個時候，開始了其關鍵部分。福格斯和伊斯特召集了另一組學生，並要求他們辨識哪些是說實話、哪些是說謊話的學生。不過，重點是，在觀看那些

證詞之前，這第二組的學生都曾接受了三個「情緒誘導」中的一種：他們分別觀賞了一部開心的、悲傷的、或不悲不喜的電影。結果顯示，因觀賞了悲傷的影片而情緒憂鬱的學生，比起其他學生來，在察覺欺騙上，他們的表現更敏銳些。換言之，悲傷在他們對真相的覺知上提供了一扇窗。

這樣的見證，在所有的危機中，都可能發生：它讓我們看清事實的狀況，並帶領我們走上一條不同的道路。例如，最近一名叫做史賓瑟的年輕人的故事就深深觸動了我。當一家著名的唱片公司簽下他的樂團、讓他一夕之間躍向明星之路時，史賓瑟覺得自己少年時的夢想成真了。在接下來幾年狂野的日子裡，他的人生充滿刺激──全球巡迴演唱、與自己的偶像同台演出等。但後來，史賓瑟所屬的唱片公司破產了，才二十出頭的他音樂事業嘎然而止。不過，這還不是故事的結局。

有時候，不屈不撓是件好事──我們遭受打擊、跌入人生谷底、然後爬起來繼續奮鬥。但有時候，我們卻必須接受奮鬥不值得、翻身的機會太渺茫，或應該乾脆放棄這樣的事實。當夢想被無情地摧毀時，史賓瑟想必感受到了巨大的悲傷。然而，他的悲傷也一定讓他看清楚了唱片工業裡明顯且不可挽回的事實。你可能在人生的低潮點也曾體驗過類似的覺悟。例如，明確地認知到你的雇主對你並沒有特別的忠誠，或悲哀地領悟到某個朋友只不過是個酒肉朋友而已等。有了全新的認知後，史賓瑟做了一件勇敢且不尋常的事：他

放棄了。他重新評估了名聲的追求對他而言是否是一條最佳的道路，而他清醒地明白：不是。謙卑的他，知道自己需要更多的教育，於是他詢問之前就讀的高中是否能讓他回去完成學位，而學校同意了。於是，他很尷尬地坐在一群比自己年少許多的孩子中學習了一年。在那一年裡，他發現了自己擁有從不知道的才華、及從未被開發過的智能。他的成績名列前茅，獲得了大學的入學許可，最後成為了一名學養俱佳的專業教師。如今，他作育英才的事業一片光明。就悲傷能夠讓人重新選擇一條更佳的道路而言，史賓瑟是一個活生生的典範。

因此，身為一名**真相見證者**，我們就可能找到力量來守護自己的生命以免它落入陷阱，並以對自己最有利的方式行動。但這些不僅關乎我們自己而已。見證過真相後，我們對他人的困境也會變得敏銳，並會開始守護他們。而這將引領我們遇見悲傷最重要的角色之一：**悲傷天使**。

悲傷天使

去年我在巴黎時，拉雪茲神父公墓曾給我一次很大的震撼。該公墓占地之廣、其規模之宏偉，都令人屏息。步行穿過它高大的鍛鐵大門時，就好像進入了一座死亡之城。墓地對我而言擁有一股神祕的力量。而這也許是因為，在它們超脫凡塵的靜默裡，日常生活的嘮叨、壓力，從死亡的角度相對而言，

皆顯得無足輕重。也或許是因為這些幽靈所居之處似乎存在於一個與現實稍微不同的層面上，脫離了人類的時間，飄盪在永恆嚴峻的時空裡。而就在我的腳步聲迴響在鋪滿鵝卵石的小徑上時，我被一副聳立在一座傾頹、長滿野草的墳墓前的巨大墓碑給震懾住了。墓碑上鐫刻著一個哭泣的天使。在我沉鬱的心境裡，我想像著這個空靈的存在正守護著我們這個世界並憐憫著它的痛苦。然而，那個雕像雖然悲傷，它的美麗卻令人沉迷，彷彿它擁有某種神聖的意義般。尤其是，在當下那個時刻裡，存在於悲傷和最重要的人性——憐憫——之間的那條深奧又神秘的連結，正深深觸動著我。

在悲傷中，我們可能會見證到許多真相——從我們所選擇的職場的殘酷現實（如史賓瑟的例子），到同儕的排擠、欺騙等。然而，最重要的是，悲傷所賦予我們的敏感度及洞察力，能強化我們對痛苦的覺知。我們忽然在日常街頭擦身而過的鄰居身上，看到了隱藏的寂寞。我們在某個同事的眼裡，注意到了憂愁的刺痛。我們對那些蜷縮在大門邊、遭社會拋棄的乞丐，不再視若無睹。我們發現了在城市邊緣掙扎謀生的服務從業人員所遭受的苛待。這樣的情懷並不是可憐，我們不是高高在上地俯視著那些不如我們幸運的人。相反的，在悲傷中，我們的內心充滿憐憫並向那些人傳遞了那個超凡的悲傷天使。我們不僅承認了自己與那些人的親屬關係和共通的痛苦，並且不得不伸出手去與他們碰觸，去提供我們的愛與關懷。

　　我曾在某家精神病醫院當過助理護士。在該醫院服務的幾年間，我澈底瞭解到悲傷與憐憫之間的連結。那個工作的起伏很大，與搭雲霄飛車無異：譬如，不時受到抑鬱症犯患者的咆哮和攻擊、長期的缺乏活動和疲憊感，或享受奇特的骨牌遊戲和足球賽時的歡樂和笑聲等。不過，最主要的是，醫院裡充斥著病人所必須承受的痛苦：噪音的迫害、自我憎恨的折磨，或只是在這個世界裡的寂寞和迷失。我絕不敢拿我自己的悲傷來跟他們的相比；但在醫院裡，我的確有自己的悲傷試煉，尤其在執行自殺觀察時（那是我的工作中最重要的任務）。有些病人，我必須每十五分鐘查看一次；另有一些病人（可憐的靈魂），醫護人員則必須全天候不離左右的看護，因為他們會恨不得抓住任何機會結束自己的生命。偶爾，病人會跟我討論他們的困境，但通常，我們就只是沉默地坐著。

　　在這種時候，我的內心就會覺得特別沉重，全身都被當下的悲傷浸透。那些互動很容易就喚醒我自己內心幽暗的抑鬱情緒，想起自己曾有的悲傷和恐懼。但那些情緒也讓我體會到一種神祕的意義，彷彿一層面紗被揭開了，而我踏過門檻，進入了一個神聖的殿堂。人們一般的關注──我們日常所煩惱的那些瑣碎和困難──都被暫時丟開了。取而代之的，是一種沉默的、對生命驚人的奧秘，以及對生命之珍貴與脆弱的覺知。我的悲傷打開了，進入了一種與世人深刻連結的感動，和對他們所遭受的悲痛的憐憫裡。而且，不只我

有那樣的感受。我的身邊充滿這種心懷慈悲的同事，而他們也同樣受到自己所照顧的患者的困境的強烈觸動。的確，我的護理事業比起他們的來，相當短暫。我的許多同事都早已將自己的一輩子奉獻在照顧他人上。因此，我在這些典範的身上，總是能夠找到啟發和引導。

由於我內在漸漸開發的憐憫心，即使我總是懷疑自己的護理技能，也經常質疑自己的用處，我仍然希望那些患者能夠在我的陪伴下獲得一絲安慰。但無論如何，在精神病醫院工作的那幾年，我體驗了自己永生難忘的明確且有意義的時光。它們讓我強烈地感受到存在的意義，彷彿我正在完成某一個深刻的目標——一個對這個世界、而非對我個人平時之奮鬥有益的目標。我知道我的許多同事都持有相同的理念，特別是有宗教信仰的那幾位；對他們而言，在醫院工作就是實踐他們人生信念的一種方式。但我看得出來，其他的同事也有類似的感受，雖然他們並不常討論這個話題。在那些連結的時刻，我們都超越了自我的狹隘、個人的關注，成為了比我們自身更偉大的某種東西的一部份。誠然，根據某些學者的論述，這正是「有目的的人生」之定義[9]。

然而，有時候——也許多數時候——悲傷會被某個不再與我們同在的人喚醒。但即便如此，它仍然是一種關愛的表達。而且，確實，它也是最重要的悲傷的聲音之一：**火焰守護者**。

火焰守護者

在所有悲傷的原因和理由中，最難以承受卻又最普遍的，莫過於不幸地失去了所愛之人。在我寫下這幾行字時，我尖銳地意識到，在表達喪親所感受的痛苦時，語言是多麼的蒼白無力，更別說要靠它來減輕那種痛苦了。我們的心需要哀悼，然後療癒——以它自己的方式和它自己的步伐。對於建議說，這個哀悼的過程其實有其「益處」，我的態度非常謹慎。雖然本書涵蓋了「表面上負面的情緒或許有其偉大的價值」這種令人振奮的訊息，但我最不願意做的事，就是粉飾悲傷的「正面」價值。悲劇事件以及其他創傷或許能以不全然負面的方式改變我們的人生，例如將原本疏離的家人重新凝聚，或深化某個人的精神層面等。（這種可能性將在本書的最後一章探討。在該單元，我將闡述「創傷後成長」這個概念。我雖然不贊同這個粗括的術語，但目前它被廣泛地用來描述這類救贖過程[10]。）儘管如此，喪親和失去，都是純粹的悲劇，必須被正視與尊重。

然而，我很想做一件事，那就是：在我們失去所愛的某人時，重構我們對悲傷的想法和感受。前文提及，現代的醫生很不幸地都傾向於將悲傷歸類為「失調」的一種，尤其當悲傷的時間太長時，就會以輕微的抑鬱症治療之。無可否認，在某些嚴重的悲痛案例裡，抑鬱症的診斷可能會被認可，但通常，喪親之後所經歷的悲傷，其實是正常且適當

的。此外，就「重構悲傷」而言，我們可以主張說，悲傷本身並非是一種愛的失去，而是愛的**表達**。那是我們與逝去的所愛之人保持連結的一種方式。從這個角度來看，悲傷和喜悅，兩者都是愛的表現。的確，它們是一體的兩面：在「當事人」存在時，愛的表現就是喜悅；當他不存在時，愛的表現就是悲傷。

說到這裡，我想起了《禪與摩托車維修的藝術》這本書——一本不可超越的哲學書——的作者羅伯・普爾希格。我在十七歲時，這本書的內容曾如天雷般擊中我；從那時起，這本書我已經讀了至少六遍了。那是一個奇特的故事，作者是一位真正難搞的天才！基本上，這本書所描述的，就是對「質」這個觀念的一個哲學探索，其中交織了稍微虛構的故事，講述作者與其當年僅十二歲的兒子克里斯，他們一起騎摩托車穿越中美洲公路的旅行。書裡雖然表達了許多令人昏頭轉向且深奧難懂的理念（不用說，這本書衝擊了我當時年少的心），但真正觸動我的其實是那些與作者相關的個人細節。在那整個行程中，普爾希格對抗著自己內在的惡魔及如影隨形的瘋狂，同時努力地要與兒子克里斯建立起一個連結並完成身為人父的各種責任。本書的尾聲洋溢著一股「難題已迎刃而解」的氛圍，並以一句樂觀的話作為總結：「一切會越來越美好。」[11]

令人難過的是，事實並沒有「越來越美好」。該書的第二版（離第一版出版的時間約十年）加了一段後記，描述克

里斯在二十二歲時，於某禪學中心的門外被人殺害了。這個訊息讓我幾乎透不過氣來。後記的字裡行間明顯充斥著一股迷惑之感。但最後，普爾希格笨拙卻又優雅地暗示說，克里斯就某種意義而言「仍然活著」。普爾希格寫道，他所哀悼的兒子並不像是某種「型態」的一個活「物」。當然，其中一部份是他的肉體存在，但意義上卻又比那個龐大的多：它涵蓋了父與子、他們所認識的人、甚至地點與財物等。悲傷是如此地折磨人，因為該「型態」的核心被忽然掐掉了，而剩下的世界變得難以忍受的空。然而。普爾希格敘述說，隨著時間過去，他卻在維護、關愛這個更龐大的型態並向其致敬時，找到了意義，即使它的實體核心已經消失了。透過這樣的悲傷，我們讓愛的火焰永遠不熄。於是，那個人，以某種方式，繼續活著，在我們內心裡被珍重著、愛惜著。

這樣的悲傷可能變得很重要且飽含意義，進而塑造並定義了我們的性格。而在這樣的意義中，我們遇見了悲傷的倒數第二個化身：**靈魂雕刻師**。

靈魂雕刻師

不朽的美籍黎巴嫩詩人、擅於描述人性情境的紀伯倫曾經寫道：「悲傷鐫刻入你的形體越深，你所能容納的喜悅就越多。」[12] 這句詩所傳達的某種意涵，引起我強烈的共鳴；而且我相信，大部分讀過這一句詩的人都會有同感。根本而

言，悲傷型塑了我們靈魂的輪廓及性格的秉性——這個說法
有其深奧的道理。譬如一名雕刻師，他用盡力氣將石頭鑿出
紋路來，藉此創造出一件美麗的藝術品。同然，痛苦也讓每
一個人成為「我之所以為我」的一個獨特的個體。然而，紀
伯倫所描述的不僅是每一個人都有自己的十字架要扛，並且
那個重擔有助於定義自我；他所暗示的，更徹底地說，是悲
傷和喜悅之間，存在著一個深刻的連結。那就好像我們的悲
傷創造了一個讓快樂流穿而過的空間，就如同在空蕩蕩的舞
台上，演員才能以自己的天賦發光發熱。或者，借用本書的
主要隱喻：正是因為黑暗的天幕，星星才能夠顯露其光芒，
而黎明的光亮也才會如此令人期待。

　　黎明前的時刻最黑暗，數不盡的人們都曾從這樣的說法
獲得安慰。它指的是一線希望，也就是痛苦，跟所有事情一
樣，都將會過去，是最終一切都將引向一個較明亮的早晨的
到來。然而，紀伯倫所傳達給我們的卻是一個更深刻的訊
息：**因為**黑暗，光明才存在並照耀出來。的確，只有當我們
被悲傷碰觸時，我們才能真正體會快樂的力量與價值。更進
一步說，紀伯倫所明確表達的是一個令人振奮的理念：我們
所忍受的悲傷越深刻，我們能夠感受到的喜悅就越龐大。這
麼說不是為了合理化我們的痛苦或悲傷，多數人當然都寧願
過一個安逸舒適的人生，遠離危險的情緒。然而，除了無憂
無慮的存在是幾乎不可能的事實外，在那樣無風無浪的人生
裡，我們對自己的快樂也可能比較不懂得感激。想像以下兩

者的對照即能明白：一個天生的貴族和一個生於貧窮然後爬上社會高層的人。對自己的財富，貴族可能會視其為理所當然；但生於貧窮的那個人，則將永遠敏銳地意識到自己的人生有多幸運。

在這個理念的探索上，也許沒有人比十三世紀波斯神祕主義詩人魯米做得更透徹的了。學問淵博的魯米曾寫過許多不朽的傳世之作；他在歷史上也被視為神祕的梅列維教派（蘇菲傳統教派的一支，亦即一般人所熟知的透過特殊的冥想旋轉以獲致狂喜的精神深狀態的「旋轉托缽僧」）的創建者。1207年時魯米誕生於現今的阿富汗境內；他在安那托利亞（當時由蘇丹魯姆統治的一個省份）度過他大半生的歲月。年僅二十五歲時，他就從他的父親繼承了一所宗教大學校長的位置──一個受到高度崇敬的職位。但在1244年時，他遇到了夏姆斯・埃・塔卜瑞茲，一個流浪的神祕主義者，而魯米的生命也因他而徹底改變。他們兩人立即陷入了深深的精神戀愛，並且在一種強烈的快樂狀態中一起生活了四年。

然後，在1248年時，夏姆斯忽然消失了。他可能被魯米的其他某些門徒因忌妒老師對他的特別關愛而謀殺。在接下來的幾十年裡，魯米創作了文學史上最動人、最充滿狂喜且叫人心碎的情詩。他對夏姆斯的深刻嚮往被轉化成了一種精神追求，一種與神聖結合的超凡渴望。他的詩歌深刻地表達了一種生生不息的奇特動力，是紀伯倫在七個世紀後所同樣

強烈傳達的情感的古老先驅：

> 悲傷讓你為喜悅做好準備。
> 它猛烈地將所有一切從你的屋內掃出，
> 如此，喜悅才能找到空間進入。
> 它將你內在樹梢上的黃葉震落，
> 如此，清新的綠葉才能在原處長出。[13]

對魯米而言，他因失去夏姆斯所感受的悲傷，成為了一種近乎精神渴慕的狂喜狀態。而透過這樣感人的文字，我們遇見了悲傷的最後一個角色：**憂鬱詩人**。

憂鬱詩人

很多年前，這個最終角色的力量曾以一種奇特的力度震懾了我。當時我在位於愛丁堡古鎮中心的佛雷斯特咖啡館裡。那家咖啡館就像是愛丁堡流浪者的庇護所——異教徒、龐克、藝術家、和社工們在那裡一起廝混——這些人全都被咖啡館裡的舊沙發、自製食物、實驗性的藝術表演、及混亂的派對等所混合出來的氛圍所吸引。我住在愛丁堡長達九年的美麗歲月裡，經常在那裡消磨我的漫漫長夜。從愛丁堡大學畢業後，我徘徊在那個城市裡，過著一種二元的人生。我一半的時間在前文所提的精神病醫院工作；另外一半的時間

則貢獻給我那刺激卻最終徒勞無功的音樂事業（我的熱情轉向一個活潑熱鬧的斯卡樂團）。因此，我的人生經常有如走鋼絲那般——介於醫院的絕望和樂團生活的刺激間。

那個晚上，我的情緒特別低落。我在醫院的工作一直都很艱難辛苦：連續幾個小時陪一名深度精神障礙者坐著。當我走入夜晚寒涼的空氣中時，雖然我很感激已經下班了，卻無法排除自己憂鬱的情緒。重壓在我心頭的並不只是白天時的悲傷而已，更有一股如影隨形的寂寞和挫敗感。我那時沒有情人，懊悔著過往的錯誤，並徒勞地渴望著某種連結。那晚因為不想孤單，我走進了佛雷斯特咖啡館，希望能看到一張熟悉的臉孔。令人安慰的是，一個音樂之夜正如火如荼地在進行，於是我舒服地窩進一個角落裡，準備讓舞台上正溫柔唱著歌的雙人樂團安撫我疲憊的身心。半小時後，觀眾裡忽然有人出聲要求歌手表演〈哈利路亞〉——典型的憂鬱詩人李奧納・柯罕所創作的那首令人心碎的民謠。

〈哈利路亞〉創作的故事幾乎已經跟這首歌本身一樣成了傳奇。鮑勃・狄倫曾問柯罕他創作這首歌花了多少時間；當柯罕回答他：「兩年中最美好的時光」時，狄倫非常的震驚。（柯罕也回問狄倫他寫作〈我和我〉那首歌花了多少時間，而當狄倫回答說大約十五分鐘時，柯罕也同樣地震驚。）多少世紀以來的藝術家——從詩人如約翰・濟慈到畫家如文森・梵谷等——都曾深掘過自己個人的悲傷，以探索愛的狂喜及其椎心之痛。但是，對我來說，〈哈利路亞〉是

無法比擬的，尤其是傑夫・巴克利如天神般的不朽版本。

「哈利路亞」是希伯來文，意思是「讚美主」。然而，柯罕的讚美歌所描述的卻是愛情中超然且驚人的奧秘。他見證了愛既可以帶我們上天堂、也能讓我們墜入絕望的能力。誠如C. S. 路易斯在他的名著《四種愛》裡所闡述的：「義無反顧的愛會讓一個人變得容易受傷害。無論愛上誰，你的心都會糾結且可能破碎。」[14] 悲傷正是愛的核心——也許是對於其脆弱的憂慮；或者，想到可能失去它而沉默地恐懼——並由此創造了自身豐富又細膩的脈絡。然而，重點是，悲傷不是愛的一種迷亂，而是它的根本狀況，是為了愛所必須付出的代價。我們必須將自己的命運和快樂放在「另一個人」的手中，而那個人卻不保證會跟你相愛，其行動也無法被掌控。為了戀愛，我們必須，優雅地，接受這個可怕的風險，這個光與暗的超然混合。對此，社會學家齊格蒙・鮑曼也曾寫道：「愛，意味著對命運——那個人類最莊嚴的景況——敞開一切，在其中恐懼與喜悅混合成鎔鑄的合金，所有的元素再也不可能分離。」[15]

對柯罕而言，不管愛給我們帶來甚麼樣的命運、悲傷、和疑惑，我們都必須持續讚美它，只因為人世間再沒有比它更崇高的狀態。因此，透過憂鬱詩人的眼睛來觀看，即便是愛的悲傷也有其飄渺之美。的確，藉著詩歌的感性，也許我們能夠將各類悲傷——不僅愛情中的憂鬱——轉化成生命中的諸多美好片段。

　　那晚，在佛雷斯特咖啡館，我為自己感應到了那種強烈的美。有人大聲要求歌手唱〈哈利路亞〉後，因為兩位歌手對這首歌曲不熟，於是他們詢問在場是否有人能夠彈唱這首歌。不顧自己低落的情緒──或許也正因為自己低落的情緒──我站起來走向舞台。我很樂意認為自己表現出了傑夫・巴克利超自然的感動力並做了我這輩子最棒的演出，但事實上，我卻以不穩的抖音唱完整首歌。然而，受到當下時刻的帶動，整個咖啡館內的氛圍卻似乎起了變化，而我作為其中一份子，也因激動而彷彿昇華到了另一個境界。我的悲傷像火焰那般燃燒。在那幾分鐘裡，我感覺咖啡館內所有的人都團結在一起，所有的心都因相同的希望和恐懼而變得柔軟。在那種親密關係中，我們似乎都超脫了僅僅的悲傷，而它也成為了一種近乎美麗的東西。

　　在本章，我企圖以抒情的方式看穿悲傷表面的陰暗，不僅為了瞭解其價值，也為了體會其沉靜、晦澀的美學。作為愛與關注的一種表達，我們見證了悲傷反射自各種特質的力量，從戰場軍醫的保護到悲傷天使的憐憫等。透過這些富有詩意的設計，我們不但認識了悲傷奧妙的力量，也能鼓起勇氣與其不同的化身為友，並感激它們在我們生命中鄭重的存在。

　　懷抱這個感受，我們將繼續前進，帶著一顆復原的、振奮的心，從悲傷的谷底走出來。此外，本章對悲傷所做的良性的重新評估，或許也能帶給我們力量，幫助我們展開下一

個階段的旅程——走上焦慮的顛簸之路。因為我們將發現，
即使焦慮讓我們感到困擾，它在維持人生正軌上，也扮演著
一個至關重要的角色。

第二章

焦慮

　　進入焦慮領域的小徑，當然非常崎嶇。對於悲傷我們所感受到可能是一種沉重，但對於焦慮，我們感受到的則可能是一種內在的亢奮——一種翻騰的緊張和不安。悲傷會減緩我們的心跳，焦慮則會使心跳加速，讓心律狂飆。然而，儘管有許多不同，躍入我們眼簾的「悲傷」和「焦慮」卻都是充滿負面意味的語彙。人們總是將焦慮視為一種天生的「壞東西」。但是，就跟悲傷一樣——誠然，跟本書探索的所有黑暗情緒一樣——焦慮，在我們追求成就和幸福之路上，也可能變成為我們帶來驚奇與靈感的夥伴。

　　為了定調，讓我們先穿過時光隧道回到1921年。在舊金山某個安靜的角落，一名叫做路易士・特爾曼的心理學家正在仔細研究一份剛完成的、給舊金山市區學童所做的智力測驗的結果。特爾曼對「優異」特別著迷；他想要知道讓某些人脫穎而出的主要因素究竟為何，因此他決定從大約

一千五百名得分最高、最聰明的十一歲學童中，儘可能地收集出足以佐證的資料。那是心理學剛開始發展的年代，新奇的問卷題目令人振奮，而它們的目的就是要衡量出奧秘的人性特質，例如性格。於是，1528名眼睛閃閃發亮的學童們坐在他們滿是灰塵的教室裡，手握鉛筆，回答著特爾曼相信能夠披露他們個性中最深刻之面貌，及他們成功之秘密的問題。

但那只是特爾曼龐大的研究之開端。他與自己的研究團隊每隔幾年就會跟那些孩童們接觸，以便持續追蹤他們在二十世紀前葉那動盪不安的幾十年裡的人生。特爾曼自己於1956年謝世，但他的同事們繼續那個研究直到1986年；在那一年，剩下的769名自身都已經進入生命黃昏的參與者，接受了該研究的最後一次評估。特爾曼大膽的目標，就是探索孩童時期所展現的因素（例如性格）在決定他們後來的命運上──從社會身分、事業的成功，到健康與快樂等──究竟有多大的影響。結果很驚人。孩童時期的性格顯然有持續性的力量，影響著一個人生命的各個層面，包括壽命。

在1990年代初期，一名叫做豪爾德・傅萊德曼的學者找出了在1921年那年所做的原始測驗結果。他想探查，那些長壽的參與者（1986年仍存活的）與那些在過去六十五年裡逐漸凋零的參與者之間，是否存在著任何不同的因素[1]。沒錯，的確有。有趣的是，焦慮似乎扮演了一個核心角色，並且是以一個令人意想不到的方式。在當時，心理學家和醫生們普遍認為，壓力和焦慮會對人體產生很大的傷害；因此，醫生

們多半建議，為了自身的健康、幸福、和壽命等著想，人們
最好減少壓力的負擔。的確，在特爾曼的研究裡，那些在
1921年時特別容易憂慮和緊張的孩童，在後來的歲月裡其健
康狀況明顯較差。然而，傅萊德曼的分析卻也顯示，最原始
的參與者中那些性情開朗、活潑樂觀的人，也並未受到長壽
之神的眷顧。恰恰相反的，長壽的關鍵似乎是責任感。那些
在孩童時期展現出某種「焦慮勤奮」——有時被稱之為「有
助健康的神經質」——的人，後來都比自己的同儕享有更
長、更健康的壽命。

駕馭焦慮

說到焦慮的潛在價值，我們必須沿著與前一章相同的路
線探討。在前一章裡我們看到，假如悲傷超越某一條嚴苛的
界線及（或）持續太長的時間，那麼它便可能轉成抑鬱症。
同樣地，在這一章裡，我們也需要辨識「有益健康」的焦慮
與「有害健康」的焦慮之間的不同。兩者之間的界線究竟在
何處，我要再次建議依循《美國精神醫學學會》所制定的標
準。除此，假如你擔心自己的焦慮已經變得有害健康了——
譬如已經影響到你的生活常規或似乎總是縈繞不去——那麼
我同樣也要再次鼓勵你尋求醫生的協助，他們能夠提供你適
當的引導和支持。然而，在焦慮變得「有害健康」之前，它
卻可能深具價值及用途，只是我們經常對它視而不見而已。

就像悲傷時常被歸類在抑鬱的概念裡並被當作一種問題來處理般，我們也很容易就將各種形式的焦慮視作功能失調。

基本上，焦慮就是我們感情的「危機天線」，有助我們掃描環境中的威脅。在經過幾千年進化史的磨練後，它已經給我們提供了一個內建的雷達，而那個雷達能確保我們對周遭可能傷害我們的現象保持警覺。從進化論的角度來看，這是一件好事──不僅對我們的生存有利，甚且必要；否則，我們可能會忽視往我們身邊靠過來的猛虎野獸，並成為了它們的午餐。當然，這個雷達可能偶爾會失靈、發生故障。它可能會變得高度警惕並一觸即發地就啟動運作。或者，它可能會提供合理的警告，但它狂亂的吵雜聲卻跟威脅的嚴重性或事故發生的可能性不成比例。又或者，即便威脅已經解除，它可能仍繼續瘋狂地發出警告聲。假如這些問題中的任何一個持續存在，那麼一個人的焦慮就有可能已經變得有害健康，並且可被視為一種失調了。然而，當它運作良好時，焦慮卻能夠發揮多種對我們的安全和富足而言至關重要的功能。

為了瞭解這些功能，讓我們先想像一個位於荒郊野地的古老社區。一個迫在眉睫的危機──例如，食物短缺──促使村人們召集了一支菁英隊伍出外去尋求解決之道。每一名隊員都因為擁有某一種能力而獲選，如此他們就能提供完成該任務所需的各種技能。首先，有一個**先知**，一位敏銳的先知，他是最早看見危機並體認該危機必須儘早解決的人。第二，**訓練師**，他負責詳細的規劃和準備。第三，**激勵者**，他

是熱誠的啦啦隊長，負責勸誘整支隊伍並激勵他們往前行動。第四，**警戒者**；他是這支隊伍警醒的眼睛和耳朵，隨時提防著來自內部的威脅。最後，在前面帶領大家勇敢前進的，就是具有開創力的**先鋒**；他無畏地率領這支隊伍大膽地進入前面未知的領域。這五個團結一致的象徵性人物，具體化了我們在人生道路上所能夠採用的、與焦慮相關的各種特質和技能。

先知

第一個關鍵角色就是這個敏銳、警醒的護衛；他是最早注意到問題出現的人。當每個人都開心地如往常般忙著自己的事情時，**先知**就已經意識到食物的供應正在減縮，暴風雨的烏雲已經在地平線上凝聚，而空氣中微妙的改變也預示了危機的逼近。我們的心智亦是如此：焦慮就是我們的警報器，警示我們位於前方的危險。沒錯，人類備有雙重的警報系統──其中主要的功能就是焦慮和恐懼[2]。這兩者之間的差異大部分是暫時的。恐懼對當下的危險發出警告，督促我們立即採取行動。相對的，焦慮是一個探照燈；它偵測著黑暗、模糊的**未來**領域，以找出可能發生的潛在問題。因此，焦慮所散佈的範圍比恐懼大，也不如恐懼特定。我們可能無法確定自己憂慮的來源；即使我們能夠，因其不可預測性，我們也很難確認自己是否應該關注它。然而，透過我們對潛

在災難的警覺，焦慮所具有的重要功能就是在催促我們採取行動以避開悲劇，或至少為悲劇做準備，以減少其衝擊。

美國電視影集《權力的遊戲》的粉絲們一定很熟悉瓊恩‧雪諾對高牆外的惡意所發出的幽暗警告。那個名字似乎隱含了某種暗示，因為1854年時，一個遙遠的同名者擁有先見之明地發出了預警，針對維多利亞時期的倫敦，其陰暗潮濕的鵝卵石階上即將展開的真實危機。霍亂的死亡威脅瀰漫在週遭的空氣中——一場可怕的腸道感染正在英國肆虐，給她狹窄逼仄的首都街上製造了數以萬計的屍體。在當時，人們相信那個瘟疫是透過一種定義含糊的有毒瘴氣、一種如鬼魅般可怕的、充斥在空氣中的毒氣所傳播。然而，在群眾的驚慌中，一名叫做姜恩‧雪諾的年輕麻醉師卻展開了一個不凡的預知行動；透過他所啟迪的公共衛生實踐而產生的改變，使得那個預知行動最後挽救了倫敦數以萬計的生命，之後更是全世界數以百萬的生命。雪諾可說是一個現實生活中的醫學福爾摩斯，他直覺地懷疑霍亂是經由汙染的水質而傳播的。而那就是他重要的天賦：他能夠看見他人所無法察覺的事實。話說回來，如果他不曾專注在那個大膽假設的流行病學所依據的經驗主義行動的話，那麼他的先見之明或許也不會被注意到。

機敏的雪諾決定勘測那個傳染病——在1850年代，他的操作聽起來要比現在來得勇敢且具革命性。他當時住在蘇活區，那是一個骯髒混亂、酒館和屠宰場林立的區域，也是霍

亂爆發傳播最嚴重的地區。在鄰居們的驚慌中，他保持冷靜並決定要證明那個疫病可以從一個單一的受汙染的水源找出原因。雖然人們普遍地認為疾病的感染是透過空氣的傳播，但他仍然勇敢地去檢查了那些家裡有人死於霍亂的家庭，並訪談他們悲傷的家屬。透過那些行動，他發現每一個死亡案例都是發生在共用一個水泵的鄰近地區——就在布洛德街和劍橋街的轉角處。雪諾的調查結果已經逐漸浮現。然而身為一名優秀的科學家，他蒐集了更多的證據。他檢查來自那個水泵的取樣，並確認水裡的確含了致命的霍亂菌源。在這些證據的支持下，他訴請當地政府將那個水泵關掉，而當局雖然對此抱持懷疑，最終仍然同意他的訴求。水泵一關掉後，霍亂的爆發和蔓延幾乎就立即終止了。

雪諾的調查直接導向了今日全球幾億人口所採用的汙水系統及安全用水的觀念。多虧他以及其他醫學先鋒們，過去多少世代以來，人們所遭受的多種恐怖疫病終於走進了歷史。

然而，悲哀的是，另有許多**先知**卻注定要成為現代的卡珊卓。（阿波羅賜給卡珊卓預知的能力；但是，在她拒絕阿波羅的追求後，阿波羅給她可怕的折磨和懲罰：沒有人相信她的預測。）這樣的人物之一，就是傑出的《美國商品期貨交易委員會》（美國政府機構，負責監控晦澀難懂的貨品交易世界）前主席布魯克絲莉・波恩。1994年接下該職務後，波恩便意識到在她管轄下的整個財經領域——也就是極度複雜的、被稱之為財務衍生工具的金融市場——已經籠罩在黑

暗中。那是一個幾乎沒有人懂得、也不受管制的秘密交易的
「黑箱」。更糟的是,經過那些秘密管道流竄的金錢數量正
搖搖欲墜。在2007年崩盤前夕,衍生商品的市價值預估已達
到驚人的595兆美元,而抵押擔保(存款風險值)卻令人恐懼
的只值3.2兆美元。

在1990年代後期,心懷憂慮的波恩準確地預言,金融市
場的內爆將釋放出一場恐怖的拖欠及損失的颶風,而全世界
的經濟也將因此崩盤。當整個狀況繼續往失控的方向奔去
時,她懇求政府在災難爆發前儘快修正金融體系。但是,那
些上位者聽不進她的警告——他們似乎根本就**不想聽**。在數
以千計的金融說客的持續壓力下,美國國會甚至通過了法
案,阻止波恩的機構去管控金融衍生市場。憤怒又挫折的波
恩在1999年提出辭呈,成為了許多卡珊卓之一:她們發狂般
的警告聲直接被忽視、或被更大的聲音淹沒了。

這是我們在本章所學到的第一課:假如**先知**開口了——
如果你聽到自己內在響起警告的鐘聲,不管有多微弱——請
給以注意並傾聽。在進一步查證後,它也許只是一個錯誤的
警告;若是如此,你就可以放下心來。但是我們偵測危機的
天線通常很敏銳且可靠,因此那個警告很可能需要你的注意
並採取行動。關鍵點是:先知的警告若被忽視,那麼他的存
在也就無濟於事。因此,假如我們的天線偵測到了麻煩和危
機,我們便應該採取行動。否則,焦慮只會像一隻小狗般,
不斷地追著自己的尾巴繞圈圈,陷在一個惡性的、往下墜落

的擔憂與恐懼的漩渦裡。為了其用途，焦慮必須做出糾正措施，來對付焦慮所產生的源頭。因此，一旦我們內在的先知看到了一個潛在問題、意識到它正在逐步浮現時，我們就必須為其迫在眉睫的降臨做準備。有了準備後，接下來我們要認識的就是訓練師。

訓練師

那是2001年五月。克里斯·哈德菲正準備進行一件他一生夢想且只有少數幾個人才有特權經歷的事：太空漫步。在寒冷寂寞廣袤的太空裡，他小心翼翼地從國際太空站的艙口移出來。那個人類工程脆弱的奇蹟正在離地球表面270英哩處的高空，並以時速17,500英哩的速度運行。而哈德菲緊緊靠在太空站的外面，幾乎與上帝面對面。不僅如此，他還有一個令人眼花撩亂的精細工作要做：安裝一隻價值數百萬美元的工具——一隻嶄新的機械手臂。在冗長的五個小時後，全神貫注於任務的他忽然注意到了一件麻煩事。不知哪來的幾滴水珠開始在他的頭盔裡很不祥地漂浮著。然後，忽然間「砰」的一聲，他的左眼球因一滴水珠撞進去而感到劇痛。那個痛來得很兇猛，但是因為沒有重力將那滴水珠移除，哈德菲的眼睛很快就蓄滿了淚水，而那些淚水同樣也無法排除。才一會兒，他的左眼就看不見了。然後，他的淚水開始越過鼻樑，漫進他視力良好的右眼裡。沒多久，他目不能視，已經與瞎眼無異。哈德菲知道整

個北美最聰明的腦袋都正在地球上盯著他的一舉一動，於是，他以不可思議的鎮靜說出了那一句不朽的話：「休斯頓的夥伴們……我們有一個問題。」

那個場景可能會讓大部分的人因恐懼而失去行動力。但是哈德菲在自己那本卓越的自傳裡闡述道[3]，NASA的訓練讓他以及地面的團隊都能夠在進行高度危險的診斷和問題的解決時，保持相當的冷靜。最重要的是，哈德菲和他的同事們能夠在這樣危險的情境中避免令人失能的恐懼，是因為他們早已接受過超強度的焦慮訓練並學會了如何面對它。他描述NASA訓練員會如何地把新手太空人逼入無盡的「壞消息」模擬情境中，其中包括了可能致命的各種緊急狀況──從失火到疾病的爆發等。這些密集的準備──主要涵蓋了一個預先設計的集體焦慮掌控──意味著這些太空人更有能力處理任何真正可能發生的災難。哈德菲在其自傳中寫道：「被迫迎頭面對可能導致失敗的問題，將與其相關的所有細節及後果詳細分析、研究、梳理，真的很有效。在經過幾年這般的日常訓練後，你就打造出了最強硬的盔甲，也就是堅忍不拔的能力，足以應對所有的恐懼。」沒錯，雖然在太空漫步時忽然失明這一項從未在訓練中出現過，但那些訓練卻足以讓哈德菲在壓力下保持冷靜，並與地面的團隊合作、一起想出解決之道。（他打開了頭盔上的一個閥，於是那幾滴水珠就消失到太空中了。）視力恢復後，哈德菲冷靜地回頭工作，完成了機械手臂的安裝。

　　因此，克里斯・哈德菲後來成了「負面思維之正能量」的積極提倡者——不僅是在空氣稀薄的太空中，也在面對我們生命裡的所有挑戰時。他敏銳地瞄準了流行的「正面思維」技巧——那種你可能會在一個舌燦蓮花的企業培訓師身上看到的揮舞拳頭「想像成功」的策略。你可能會問：「面對嚴峻的挑戰時，預期自己的夢想成果，何錯之有？」例如，也許一想到即將面臨的求職面談，你就冷汗涔涔。那麼，想像面試的主管當場聘用你、然後鼓掌歡送你走出面試的房間，這樣不是比較好嗎？耽溺在這般的想像裡，也許能令你感到暢快。但只要冷靜理智地想想就知道，只有調整自己並學習駕馭焦慮，對我們自己才最好。

　　因此，我們這個隱喻團隊中的第二位成員就是：**訓練師**。在傾聽了先知機敏的警告後，訓練師便規畫了一系列的練習課程和應急計畫，好讓我們有能力對付潛在的災難。就像一位將軍努力訓練他的軍隊以備作戰那般，或一名足球教練勤奮地研究其下一個對手球隊那般，我們也能夠從積極地、充滿焦慮地為生命中任何突發事故所做的準備中，擷取最大的收穫。

　　就拿求職面試那個例子來說吧。面試是一個人生命中較常見的可能導致焦慮的事件。隨著那重要的一天逐漸來臨，多數人的擔憂和痛苦也會逐漸加劇。你內在的**先知**將會對可能的失誤——從遲到、衣冠不整，到說錯話等——發出警告。但這是一件好事，因為那表示你的危機天線已經提前對

可能發生的問題向你發出預警了。這時候，**訓練師**就會站出來執行準備動作，以減緩那些威脅。

擔心會遲到？很好，那是一個正常的憂慮，但也是一個可以想辦法解決的問題。你可以提早一個小時出發，並在面試前先去探查行程路線。擔心被考官的問題嚇住了，回答不出來？那就先預想一些可能的提問，並練習如何做出關鍵性回應，以便給面試官們留下深刻的印象。我自己就曾經在某個非常重要的面試裡體會到這個技巧的效果。由於那個工作對當時的我而言是個很大的躍進，我幾乎不敢預期自己能獲得那個工作。然而，在面試前幾天，我不斷練習我覺得可能會讓自己脫穎而出的回答。我不斷練習直到最後一刻，就像舞台布幕拉起前緊張的演員那般，而效果很好。雖然困難重重，但我獲得了那份工作。

因此，當焦慮發生時，請傾聽它並注意它的忠告。不管你的目標是甚麼，在為達標的可能性做準備時，請有技巧地運用它。但是，這不是焦慮所扮演的最終角色。我們的下一個人物，在催促我們往目標邁進時，將會呈現給我們它所能扮演的關鍵性角色。

激勵者

你可能聽過《秘密》那本書有多暢銷的故事。充滿誘惑地棲息在自助書籍的架子上，這本如野火燎原般一夕爆紅的

暢銷書給讀者提供了一個不可置信的承諾：開口要求，你就
會獲得。宇宙被描述得有如阿拉丁神燈般……或者，套用一
個更恰當的比喻，有如一個龐大的郵購服務。這本書令人著
迷的想法就是，我們只要想像自己內心的渴望，並透過某種
神祕的「吸引力法則」，宇宙就會答應我們的請求，將我們
所渴望的事物送到面前來。這個夢想成真的訴求是可以理解
的，而且可說與某些宗教的許願有異曲同工之處（「上帝，
求祢賜給我……」）。

令人難過的是，那個承諾真的太不可置信了。事實上，
已經有一系列的研究顯示，這種正向的想像甚至可能造成反
效果，把我們的夢想推向一個更遙不可及的地方[4]。對成功的
想像，似乎會哄騙我們的心智，讓我們相信，在某種程度
上，我們所企求的東西已經十拿九穩。於是，我們放鬆下
來，並且在離目標尚有一段距離時，就開始大肆慶祝。反
之，當我們擔心結果可能不如人意，當我們害怕一個不可捉
摸、渴望已久的獎賞會被人從我們的手中奪走時，我們就會
繼續奮鬥、持續努力、並加快腳步。因此，當我們瞭解任務
的必要性（承蒙**先知**的警告）並做了嚴密的準備（多虧**訓練
師**的規劃）時，我們就需要請出**激勵者**——一個讓大家團結
一致並推動任務前進的啦啦隊長。

為了成功，我們需要對自己的才華有信心，並且對成功
的可能性抱持信念。但這份自信最好帶著焦慮和不安，而不
是放鬆和自滿。這樣「遊走在負面邊緣」的想法會促使我們

為了達致難以掌握的目標而做出超凡的努力。想想現代運動員真正的傳奇之一大衛‧貝克漢的例子就知道了。貝克漢不朽的地位雖然有一部份要歸功於他俊美的外表和親善的魅力，但我們不要忘了，他也曾經代表英國贏過115次足球比賽而證明了自己的運動能力。這樣的成就只有天賦加上絕對的努力才能達到。以貝克漢的例子來說，他那種不屈不撓的練習只有當你內在的**激勵者**催促著你再多練習一節、再多練習一小時、再多一天、一年又一年，才有可能做到。孩童時期，貝克漢的同伴中也許有人比他更具有踢足球的天分。但他會跟他父親在公園裡一個小時又一個小時的練習，直到天黑時分，不斷地練習讓他最終揚名全球的自由踢。他能夠達到運動事業的巔峰，正是他熱烈追求完美的明證。貝克漢從未屈服於自滿；當我們自己努力邁向成功的巔峰時，我們當然也不應該自滿，無論我們追求的是甚麼。

除了像貝克漢這種英雄的模範決心外，希瑟‧卡普斯和加百列‧厄廷根也透過一系列想像的實驗，確認了焦慮能作為一個強大激發力的價值。他們的研究形成了科學界對《秘密》那本書的部分回應，並且還能夠證明一種**反**吸引力法則。在某次實驗裡，卡普斯和厄廷根請一組學生正向地想像未來的一星期，其間充滿個人及學業上的成就，另一組則想像浮現在腦海裡的任何念頭[5]。七天後，所有參與者都回報了他們過去一周的成果。結果，第一組的成員，比起第二組的成員來，其收穫少很多。就好像只是缺乏那麼一點焦慮，他

們的馬達便從未真正啟動過似的。兩年後，在第二次的研究裡，相同的兩位研究員發現，對一個重大的危機正面地想像其解決之道——例如非洲的飢餓問題——對慈善行為具有負面的影響。想像著計畫最終將獲致成功，似乎抑制了人們給該計畫捐助大量金錢、時間、或努力的意願[6]。這些正向想像的危害效果並不僅限於實驗室的實驗。在第三個研究裡，卡普斯和厄廷根調查了一個為社經背景較差的學生所開設的職業補救課程[7]。與該課程規畫者的預期背道而馳的是，那些因參與這個計劃而為自己想像光明美好未來的學生，其出席紀錄不但最差，最終的學習成績也比他們那些思維較負面的對應組的學生低落許多。

　　這並不表示我們應該看輕這類行動及其設定的目標。但明智的做法是結合樂觀和輕微的擔心，而非僅將它們描繪成一條保證通往成功的路徑。沒錯，卡普斯和厄廷根就曾設計了一個稱之為「心智對比」的技巧，用來促進這種微妙的平衡行動。該技巧包括了對未來有系統地在正面與負面思維之間交替：偶爾做做愉快的白日夢，偶爾緊張焦慮一下。對於促進長期的行為改變來說，「心智對比」顯然是一個有效的方法。例如，在某個為促進健康飲食而設計的治療干預裡，就看得出其成效[8]。審慎地混合希望（想要待在較健康的生活軌道上）與焦慮（離開那個軌道），似乎正是參與者逼迫自己難以駕馭的身心往正確的方向去所需的。而最佳的內在**激勵者**會準確地提供那個有益的結合：透過希望和積極性啟發

我們的努力，同時藉著不安和憂慮催促我們前進。

任務的規劃早已就緒，現在，**激勵者**正督促著團隊前進。但是，為了確保我們會對一路上所出現的新威脅保持警戒，我們需要召喚這個大隊的第四個成員：**警戒者**。

警戒者

警戒者是執行任務時的眼睛和耳朵，是保證整個團隊能夠安全抵達目的地的那個角色。這裡所談的是將焦慮作為我們小心、警惕的眼睛，掃描環境以偵測危險之訊號（與**先知**截然不同；**先知**的警告是基於一個對未來威脅直覺的瞭解）。我想像這個哨兵是一個堅毅、孤獨、頂風冒雨的人物，是在所有人沉睡時獨自守望的守護天使。

沒錯，說到**警戒者**時，我總是會想起《鐵達尼號》那個令人難忘的故事。我很納悶，一個多世紀過去了，為何這個悲劇仍然蠱惑著世人的想像力。其中一個理由，也許，是因為那個災難嚴格說起來是可以避免的。幾十年來有不少的謠傳說，許多敏銳且勤勉的警戒者都曾試圖對那即將發生的災難提出警告，但他們的呼喊聲都被忽略了。甚至就在那艘不幸的大郵輪啟航之前，安全檢查員莫利斯・克拉克就曾警告白星航運公司，說船上需要準備至少多百分之五十的救生艇[9]。可恥的是，克拉克據稱被下令噤聲，否則就要捲舖蓋走人。然後就是加利福尼亞號的電報員喜瑞歐・伊凡斯。該郵輪在1912年

四月那個黝暗的夜晚正孤獨地橫越大西洋，加利福尼亞號的船長注意到了冰山；他交代伊凡斯通知海上的其他船隻，而伊凡斯也照做了。然而，悲慘的是，由於加利福尼亞號離鐵達尼號很近，伊凡斯的警告便在鐵達尼號正在接另一通電話的無線電報員傑克・菲利浦斯的耳機裡轟轟而過。於是，那個警告根本沒有被接收到。然後，當然，就是那個午夜降臨時高高棲息在瞭望台的守望員，二十四歲的菲德瑞克・傅里特。在那一夜命中注定的時刻，他正巧輪值；由於氣象因素，傅里特當晚的任務特別艱鉅。在冰冷、沒有月光的天幕下，他緊盯著平靜的海面。傅里特是第一個發現冰山赫然聳立眼前的人。他瘋狂地敲響橋樓，但他的警告太晚了，那艘船已經來不及改變航道。幾個小時後，船上1517條人命都將喪生。

像鐵達尼號沉沒那樣的重大事件，突顯了注意那些守望我們的人之重要性。的確，我們在週遭與自身相關的事件中也許就可以發現類似的案例，也就是因為聽從一個焦慮的警戒者的忠告而獲益匪淺。例如，從我六歲起，我父母就開始送我去參加一個叫做「森林知識團」的少年營隊。基本而言，那是一個有點嬉皮、社會主義版的童子軍……如果你可以想像那是甚麼東西的話。它混合了左翼的團結與和平主義，以及質樸的美國式的對大自然之崇敬。其中也有些比較普通的活動，例如與基督少年軍猛烈的足球賽（當然是我們贏了！），以及，在我二十歲前那幾年，我們在往鄉下去的

周末行程中，圍著篝火喝酒唱歌等。我熱愛那些遠離家人的冒險之旅。除了偶發的危險外——從英國夏日常有的傾盆大雨到在森林裡迷路——那些行程對我來說充滿魔力。

奇怪的是，在我對那幾年鮮明的回憶裡，有一個相當令人望之生畏的人物。我相信他自己的孩子也都參加過該營隊，直到他們成年後逐漸離開。但做為那一小組理想主義者的領導者之一，莫利斯自己卻一直留下來。他是一個性情堅毅、典型從事戶外活動的人——常常板著臉孔，看起來有點可怕；但他對於「把事情做對」、「森林知識團的精神」、以及，最重要的，我們這些孩子的福祉等，都非常地關切。他也有當老師的天賦，總是教導我們要「在乎」。他總是保持著警戒，老鷹般的眼睛可以看到一英哩外搭得搖搖欲墜的帳篷，而且似乎永遠知道大雨甚麼時候來。他會從不知哪兒忽然冒出來，督促我們趕快打包整理行囊，或斥責某個在做為廚房的營帳裡魯莽地跑來跑去的孩子。對我而言，他就是最令人回味的文學人物之一——塞林格的名著《麥田捕手》裡那個麥田捕手的化身。那本小說的主角，胡登・寇菲爾，曾經被問說他長大後想要做甚麼。出現在胡登腦海裡的只是一大片麥田，麥田裡有好多的孩子在玩耍，而麥田的邊緣就是懸崖。他終於回答說，他最珍貴的願望——他生命的志業——就是巡邏麥田的邊界，謹慎地預防任何孩子從邊緣摔下去。雖然胡登是個靈魂焦躁不安的人，並不是一個我們應該努力去模仿的對象，但我卻一直覺得他的形象非常強大且

充滿啟發性。回想起來，莫利斯就是這樣的一個人物：守護著數百個笨拙、無知的孩童，努力地要將我們導向正途。

不用說，我當時對他的守護並不懂得感激。在少年時期的頭幾年，我甚至有點害怕自己會成為他告誡的對象。但當我逐漸長大後，我開始看到他被其他大人尊敬的地方，也開始認知了他所關注之事的價值，以及他充滿智慧的領導。他在我還年輕的時候就過世了，在他深愛的山區漫遊時，不幸身亡。但我對他的回憶長存於心，也一直記得他謹慎保護他人的價值。我很少實踐那個價值——差得遠了！我的生命充滿蠢事和差一點發生的壞事。但是，當我在最佳狀態時，我仍會努力地遵循他的典範。因為我越來越能體會那種警醒的焦慮對我們的幸福快樂、對保護我們免於危險而言，有多重要！我們都可以藉由保持敏銳、警醒地守望、必要時溫和地改變我們的軌道，來引導我們內在的莫利斯。就如同他守護著在營地四處跑動的孩童那般，我們也可以成為**自己的**麥田捕手。這並不表示我們再也不能夠盡情地生活了；它所意味的是，我們在盡情生活的同時，也應該帶著某種程度的謹慎和警戒。

讓我舉些實際的例子吧。如同許多人，我也覺得沒有甚麼比收拾行囊、悄悄穿越大洋遠走他鄉、實質上和比喻上地開拓自己的世界更迷人、更叫人振奮的主意了。但是，我真的是一個容易焦慮的旅人。這股焦慮多半來自我以前浪遊時曾遭遇過的麻煩，所以是有一些原因和先例的。但現在，我

會利用這些憂慮，藉由對可能發生的危機保持特別的警醒和謹慎，來讓整個行程更順利、更安全。有一次我在西班牙旅行時，皮夾被竊，裡面有我在街頭賣藝半天努力賺取的報酬。所以，我現在對自己所攜帶的貴重物品特別謹慎，不僅小心隱藏，更會敏銳地觀察四周是否有可疑的扒手等。我在中國旅行時也曾差點出事。當時我與幾個偶遇的本地人一起喝酒，然後我發現自己在凌晨四點鐘左右被關在一間卡拉OK店裡，而店主命令我把身上所有的錢都掏給他。所以現在，我對跟陌生人一起廝混很小心，除非我確定他們是正經規矩的人。有一次我因為在前往國王十字車站的地鐵上做白日夢而錯過了一班火車。現在，我只要出門在外，就一定會努力保持警覺。

重點是，焦慮不必排除所有的歡樂和嘻笑，變成一件掃興的事。警戒者不會破壞冒險的可能性；他只是在告誡我們，從事冒險時，要多一點智慧和謹慎。就以我們的太空人朋友克里斯·哈德菲為例。綁在一艘太空船裡，由爆炸性的助推火箭驅動，每一次推進都重達三百萬磅——誠如哈德菲所描述的：「駕駛導彈」——這是人類能夠從事的最危險的一種活動。然而，哈德菲卻形容自己是「風險絕緣體」。事實上，那指的是他已經評估並計算過所有風險，也已利用自己接受過的訓練來降低那些風險。完成這些後，他就有了繫上安全帶並享受太空之旅的能力。我們也應該讓自己的焦慮替我們做同樣的事情。如此，我們就會瞭解，焦慮不會阻止

我們享受一個豐富、刺激的人生；相反的，它會讓那樣的人生更可能發生、更唾手可得。

　　有了這個概念後，接著我們就要認識焦慮在我們生命中所能夠扮演的最崇高的角色：**先鋒**。

先鋒

　　克里斯・哈德菲的例子看起來似乎有點矛盾——風險絕緣體的冒險家，謹慎地從事著一項高度危險的工作——但我們在他身上看到的並不是焦慮對我們的束縛；相反的，它讓我們的生命變成一次大膽、刺激的旅程，且能讓我們活到足以享受生命美妙的歲數。的確，焦慮可說是人類先鋒精神的展露，也是對促使我們一路飛向太空的創意的堅韌追求。考驗自己的極限、開闢新路徑、攀上更高峰等，這些都是光輝的象徵。在那些情境中，焦慮是一種完全自然的感受，因為我們腳下的土地沒有人跡、四顧渺茫、不可預測。因此，如果你曾經感到焦慮，切勿將之視作一種缺點或失敗的徵兆；反之，要將之視作一種生命的肯定，也就是你正在大膽地超越自己的界限，要去擁抱新挑戰。這所指向的也許是駕駛一座火箭飛入太空，也許只是在酒吧裡鼓起勇氣向某個陌生人介紹自己而已。但其原理完全一樣。你的焦慮感意味著你正在勇敢地踏出自己的舒適圈，而那是人們唯一能夠學習、成長、並發展的方式。

　　當我走上某個冒險之旅時，我自己也曾有過這樣的體驗。事後想起來，我都不相信自己竟然有那樣的勇氣！在我母親的鼓勵下（也是受到前章所描述的分手事件的影響），我在十九歲那年簽下了前往中國大陸教英文的合約。回想起來，我當時還只是個青少年，尚未完全成人。我知道很多人在比十九歲更小的年紀就已經從事過更勇敢、更激進的行動了，但對我個人而言，那卻是**遠離**舒適圈的事。以前朋友經常嘲笑我缺乏現實生活技能，是個導航能力很差的路癡——在地圖上找出一個國家對我來說都很困難——總是沒有人生方向地飄來盪去。所以，當我宣布我將直接飛越半個地球時——那也是為何我要做那件事的原因之一：讓他們瞧瞧！——他們全都嚇壞了。其實對我自己而言，那也是一個很大的震撼。

　　該旅程的每一面向都叫人神經緊張。那是我第一次在海外生活，每天面對六十名學童，努力做出一位好老師該有的樣子。靠著一點點中文能力和陌生人疑惑的善意，我獨自一人，在那片廣袤、神秘的土地上，改變著自己人生的方向。不用說，我一直都處於焦慮的狀態中。我在各方面極力地考驗自己——我不成熟的教學技巧、我身體與情感的侷限、我的恢復力與適應力等等。我總是覺得不確定、經常無法勝任、永遠都在掙扎。然而，也正是因為那樣，我在中國的那段時間改變了我的生命。我跨過許多門檻、在許多方面超越自己的預期、找到了身為人類的立足點，最後帶著全新的生

命回到家鄉。隨著後來挑戰的繼續出現，我開始將焦慮視為一種我正在打破自我設限，並往上躍升到一個未知領域的徵兆。

　　焦慮做為先鋒標誌的這個復原概念，在存在主義者的主要理論裡闡述得最為透澈。單單那些存在主義者的名字似乎就能捕捉到這個大膽的精神了。他們令人想起雄偉的高山峻嶺——海德格、齊克果——或勇敢的抵抗戰士——沙特、卡謬。這些哲學家都有一個共同的關注，那就是對「人類境況」的探索；並且，他們以其各自的方式，全都對焦慮展現過特別的興趣。此外，他們也都可能會贊同這一個理念：焦慮，正是擁抱生命的一種狀況——它是大膽、盡情生活的「價格標籤」。例如被奉為存在主義之父的丹麥神學家索倫・齊克果。他在1844年出版、對後世影響深遠的哲學經典《焦慮的概念》中，曾如此強調：「一個人能以正確的方式學會焦慮，他就能學會生命的終極原理。」[10] 這一個奧秘的句子到底是甚麼意思？我不敢用幾個簡單的句子來概括齊克果這般微妙深奧的哲學理念。但這麼說也許還算適當，那就是：他對焦慮採取了一個幾乎形而上的觀點，以他的理解來說，焦慮就是**自由的感覺**。他的原話是：「焦慮是自由的可能性」。盡情地生活意味著對展現在我們面前，一種無止無盡的可能性的覺知——道路上的岔口、數不盡的必要抉擇、從微不足道到定義生命真諦的大小事情等——然後，明智地、果斷地做出選擇。

　　每一個決定都會帶我們走上一條道路，其他的則只能遙望。我們對抉擇的結果會感到焦慮，這不但很自然，而且這就是生命！別無他法。能夠避免這種憂慮的唯一方式就是拒絕走上任何的旅程，而那基本上與拒絕生存無異。因此，當我們覺得焦慮時，我們可以試著將它視為我們存在的證明。那是我們**真正地**活著、正緊抓生命的可能性，並一頭扎進機會的內在徵兆。誠如齊克果所言：「焦慮是自由的暈眩，是對自己可能**有能力**的覺知。」[11] 其結果就是，當我們開始瞭解焦慮在我們生命中所扮演的各種角色時——預見未來潛在麻煩的**先知**、幫我們規劃旅途所需的**訓練師**、督促我們前進的**激勵者**、保持警惕的**警戒者**，以及大膽率領我們進入全新領域的**先鋒**等——我們就能夠真正地體會到它用來幫助我們成長的那些錯綜複雜的方式了。

　　接著，我們要放下焦慮這條障礙重重的道路，冒險走進沙漠般炙熱的憤怒。這兩者有其共通處：當我們的世界出現差錯時，它們都是憂慮的表達。是故，在我們注意焦慮的警告之同時，我們也要掌握憤怒的能量，以便能夠更佳的打造自己的世界。而那就是我們下一章要探討的內容。

第三章

憤怒

　　思考一下這個場景。你打開電視機，新聞裡出現一位身穿昂貴奢華套裝的新科議員。這位商而優則仕的政治新貴因經營獲利豐厚的事業而踏入政途，對著螢幕大方微笑的他公布了一項大膽的新法案：嬰兒拍賣。長久以來，他宣稱說，人類愛情與生殖的範疇都一直被排除在「市場力量」之外；如今時機已經成熟，人們終於能夠將利潤動機帶入兒童的生產了，並容許父母們將自己的子女販售給出價最高者，以開拓家庭財源——這是身為父母者長久以來一直被否認的權利。當你看到這樣的新聞時，你有何感受？想必嚇壞了，而且內心充滿憤怒。

　　當飛利浦・泰德拉克和他的研究團隊對著一群睜大眼睛的實驗參與者提出這個可怕的想法（以及其他幾個「禁忌的」方案）時，他們所面對的正是這種憤怒的反應。不用說那些參與者都覺得很困惑，不曉得自己跌入了現實社會的哪一度空間[1]。

這些選自政治光譜對面的志願者，從社會主義者到保守人士，所有參與這個實驗的人，都對這個違背人類的愛與尊嚴之神聖性的卑鄙思維憤怒不已；他們認為有些事情是神聖不可侵犯的，必須遠離骯髒的商業手段之操控。不僅如此，參與者們甚且覺得這個想法如此叫人作嘔，盡皆宣誓要發起某種形式的「道德淨化」活動——彷彿光想像那個場景就令人渾身污穢不堪般——例如展開一場「反嬰兒拍賣」的運動。

這樣的實驗雖然叫人坐立難安，卻也突顯了一個重要且救贖的理念：憤怒可以是一種道德情緒。當然，也不一定是：有時它只是一種破壞性侵略行為的爆發，沒有理由，也不具價值。但是，就如同我們希望透過人生的經驗和個性的成熟，而學會解除自己暴力、不理性的衝動那般，我們也可以開始體認到自己的憤怒或許在某個時候也能夠成為一種道德訊號——也就是，對某個越過線、破壞倫理道德的人或事，一個出自內心的反應。

對憤怒的這般詮釋，在近年來似乎已經不再受到提倡了。在第一章裡，我們已經看到了人們對悲傷的流行看法：醫界將之納入抑鬱症的概括範圍裡，並越來越將它視作一種輕微的精神失調來治療。同樣的，憤怒也經常被塗上一層道德批判的色彩，被當作一種功能失調且危險的情緒狀態。沒錯，憤怒的確常常有那樣的問題。因此，在這一章裡，我們將會謹慎地對待各種形式的憤怒——尤其是具有破壞與侵略性的憤怒，需要加以控制及消除。但是，我們也將看到，如

果小心傾聽並且巧妙運用，憤怒偶爾也能做為一種道德指標，引領我們走向一個更光明的未來。誠如近年來許多大型進步運動所標示的——從女性主義到公民權利等——「正義的憤怒」能夠激發社會的改變，並最終創造出一個更公平的社會。即使那樣的改變需時甚久，且那種努力也似乎永無止盡，但當我們參與一個運動，並且與其他人共同為一個更崇高的理想而奮鬥時，那股團結的感受自有其價值。再者，即便我們個人單獨地採取一個立場，它的回報也會逐漸累積；因為，忠於一個有意義的理念，並正直地身體力行，其本身就是一種尊嚴與價值。

釐清憤怒、挫折、侵略、和怨恨之間的不同

前一段文字裡有一句很重要的話：「如果小心傾聽並且巧妙運用。」我們對自己的步伐要謹慎，因為一旦捲入憤怒的漩渦，那就跟點燃火焰無異。憤怒是一股龐大的能量，雖然在恰當的引導下，它能發揮極大的作用，但它卻也常常很混亂且深具破壞性，而且你自己可能就是最深受其害的人。回想一下你自己最後一次憤怒的情形。它可能是被一件重創你身心的事情所激發，如情人的背叛；或者，可能只是由一件相當尋常的事故所引起，例如卡在無止無盡的交通堵塞中而深感挫折；或者是你的電腦摔壞了，毀了你好幾個小時努力工作的成果等。在這些激發不同層度的憤怒的各種事件

裡，我們對憤怒本身的感受其實是差不多的，至少剛開始的時候。憤怒有如火花般點燃，然後在我們內心裡以巨大的能量沸騰——一股爆炸性的力量，它渴望著報復，隨時要以可怕的能量爆發。

回到我們之前的關鍵性句子——「如果小心傾聽並且巧妙運用」。上面的例子給我們提供了兩個重要的教訓。第一，切記：並非所有的憤怒都與道德相關。我們之所以憤怒，有時只是因為我們的欲望被阻礙了，覺得生活不如人意。那種情況與其說是憤怒，不如說是挫折來得更準確些。那是當我們陷入困境、覺得似乎無助時所感受到的一種惱怒，不管面對的是交通阻塞或一架不合作的電腦。而如同一個孩子，我們用力頓腳，彷彿這樣做世界就能被我們頓出比較配合自己所需的安排來。話說回來，雖然這樣的挫折算不上是一種道德情緒，我們仍能從中學習。我們在交通阻塞時所感受到的厭煩，經過仔細反省後，也許能讓我們生出一些有用的觀點來。例如，它可能會讓我們瞭解到原來自己的壓力太大了，並督促我們去做出一些有意義的生活改變。它也可能會讓我們尷尬地承認自己的缺乏耐心和包容，進而鼓勵我們去參加一個譬如冥想課程，以便培養一些有價值的人格特質。它也可能迫使我們重新思考自己的通勤方式，並啟發我們去規劃出不同的行車路線來。但無論如何，我們所不應該忽略的事實是，這類挫折真的只是微不足道的惱怒，且其解決方案不應該與道德運動劃上等號。誇大那類挫折的意義

與重要性，只會在我們遇到真正與道德相關的憤怒事件時幫倒忙。

　　第二個教訓甚至更重要。當憤怒開始醞釀並即將以爆炸性的潛力噴發時，我們便應該巧妙地運用此能量、將之引往能讓生命更美滿的方向去。而這需要深思熟慮和謹慎。不經思考、反應式的侵略性攻擊，對誰都沒有好處，尤其是你自己。粗糙的憤怒，在不智的引導下，很容易就會沉淪成暴徒式的憤怒。沒錯，在那股憤怒的某處也許蘊含著一種道德價值，但即便是高貴的衝動也可能受到其自身利益的汙染，或被潛伏的侵略性行為所劫持。雖說人類的性格包含著許多優美的元素──也就是本書從頭至尾所要探討的那些──但它也藏匿著更多令人懊悔的衝動，以及為了毀滅、暴力、和怨恨而躁動不安的心魔。我們必須慎防那些緊抓住合理化的憤怒，以及為了自身的惡意而與憤怒結盟的元素。你若任其發生，那麼憤怒的能量可能就會轉化成怨恨的火焰，任意地、盲目地將你以及周遭所有的人都燃燒殆盡。在那種狀況下，沒有贏家，更別說你自己。誠如佛陀所警示的：「內心含怒就像抓著一塊熱炭，意圖擲向他人──最先被燙傷的人一定是你自己。」[2]

駕馭憤怒

　　有鑒於佛陀的警示，本章將闡述如何巧妙地、睿智地駕馭憤怒。我們都知道這不是一件容易的事。誠如兩千多年前

的亞里斯多德所言:「誰都會憤怒,那沒甚麼難的,但要跟對的人憤怒、憤怒到對的程度、在對的時間憤怒、為了對的目的而憤怒、並且以對的方式憤怒,那可就不是誰都有的能力了,而且非常不容易。」[3] 但我要強調——即使會反駁我們可敬的哲學家——絕大多數的我們,在謹慎的反思下,都能學會如何運用憤怒的能量,來激勵我們以正面的方式前進。

多數人都曾在生命中的某個時刻感到被自己所愛的人或親近的友人背叛。也許你跟那個傷害你的人——不管是滿嘴謊言的情人、或不可靠的朋友、或不忠誠的同事——仍有聯繫。若是那樣的話,你的憤怒或許能激發你對自己的權利的主張,並以此要求對方給你應得的較佳待遇。也許,那個傷害你的人已經是個幽靈般的存在,在過去那無法碰觸的陰影裡折磨著你,例如在你孩童時期虐待你但如今已過世的父母。在這種情況下,你的憤怒則可以幫你塑造你自己道德指標中的一部份。看清那個人對你所造成的傷害,反對他們的不當行為可能是你的終身使命,讓你的憤怒激勵你成為一個你所能成為的那種最棒、最富有愛心的人。也就是利用憤怒,將你自己變成一個跟他們不一樣的人。

為了見證我們可以如何巧妙地利用憤怒來糾正這些不公不義,讓我們先想一想一般罪行通常是如何被成功地矯正的。首先,一名**警惕的公民**可能目睹到罪行本身。然後,**眼尖的偵探**會開始收集證據。最後,**明辨的警官**就會指認並逮捕那個惡棍。在法庭上,**雄辯滔滔的檢察官**會對罪犯提出有

力的控告，而仁慈的陪審員則會詳細地審視該案子，並在整個訴訟期間盡量保持公平與理性。一旦判決確定，**睿智的法官**就會執行正義，並根據他們對法律深刻的瞭解來給罪犯裁定適當的刑罰。最後，**改革監獄長**會給罪犯安排其所需的糾正性懲罰，但它的基本目的將會是幫助犯人改過遷善，而非懲治與折磨。

警惕的公民

想像你自己正倘佯在一艘划艇上。你和家人順流而下，正懶洋洋地享受著寧靜的一天。當然，你對週遭仍然很警醒、很警惕。我們在第一章已經提示過，如果你想要擁有一個圓滿的人生，那麼你就必須對生命中潛在的威脅保持警覺。而這樣的一個威脅適時地出現了。一陣尖銳的汽笛聲將你從白日夢中猛然驚醒。你立即坐直身體去看：就在你們的正前方，一艘笨重的遊艇直直地對著你們的船開過來。雖然它平靜地移動，但它的前進卻很堅定。鳴過汽笛後，那艘船的船長顯然期待你自己會努力地去避開它。但你沒有辦法，因為你的船很笨重。相反的，那艘遊艇的船長可以很輕易地操縱那艘船的強力馬達，將之調整到其他方向並慢慢地停下來。然而，它仍然對著你和你的家人輾壓過來，而你原先的憂慮也驟然轉成了驚慌。你揮手想要引起那個船長的注意，但沒有用，你的身影在他的視線之外。當那艘遊艇越靠越近

時，你只好準備承受那無可避免的碰撞。終於那個撞擊將你們的船猛烈地拋上了河岸。

在焦急地檢查你的每個家人並確定他們都沒有受傷後，你的第一個反應就是火焰般的憤怒。那個船長怎能如此麻木不仁地忽視你們的安全呢？那種初始的憤怒就是你內在的一個警示燈，一個你可能受到惡劣對待的徵兆。不過，只是可能。即使憤怒在腦袋裡沸騰，我們多數人都不會馬上就跳到那艘遊艇上，然後掄起拳頭痛毆那名船長。當然，我們會咬牙切齒、忿忿不平，但這股情緒通常會被一絲疑惑與一種想要知道原因的迫切感所凌駕。那艘遊艇**為什麼**會撞上我們呢？你手腳並用地爬上那艘在下游幾米處撞上河岸的遊艇。當下，幾個可能的情景閃過你的腦海。也許那艘遊艇上空無一人？上面沒有船長，那只是一艘因纜繩鬆脫而漂流的船。或者，船上是有一位船長，但他正瘋狂地在對付著一個破裂的油門？或者，他因心臟病突然發作，正倒臥在甲板上？想到這些可能時，我們的憤怒會有何變化？

當事件發生時，我們通常會假設那是某人的過錯；這種傾向便是我們在心理學裡所熟知的「基本歸因謬誤」[4]（fundamental attribution error）。多數時候，我們會將一個人的行為歸因於他的人格特質，而無法辨認其他任何有減緩作用的「情境因素」。譬如在走廊上，你的上司從你身旁走過，卻忽視你對他愉快的招呼。對他的行為你很可能直接下此結論：他不喜歡你，也不欣賞你的努力。很少人會想到一

個可能性，那就是：他今天事情不順利，心情很糟糕，以致根本就沒有看到你，因為他整個心神都被憂慮佔據了。又譬如，某個朋友未能出席你的派對。你可能會這麼想：要麼他是個差勁的人，懶得穿過整個城市來應酬你，要麼就是你自己是個差勁的人，一定做過甚麼惡劣的事，導致人家對你的冷落。但更理性的情境解釋——例如他們從不赴約，或他們要工作到很晚因此無法赴約等——則通常被忽略了。又譬如，某個駕駛在一個十字路口超你的車。顯然，那是一個自己趕著回家的自私鬼，而不是一名心力交瘁、急著送生病的孩子去醫院的父母。這類明顯的「不公不義」幾乎在每次都會引起我們的不滿，在我們的內心裡點燃憤怒之火。然而，當我們學會何謂「減緩因素」時，我們的怒火就會像一顆被戳破的汽球般，立刻熄滅了。

在以上撞船事件的三種可能的情境裡，不管面對哪一種，我們的怒氣都會忽然蒸發，並被一種關切取代。那不是誰的錯，沒有任何人是該承擔我們的怒氣的冒犯者。那個意外只不過是諸多不可預期、無法避免的事故之一。因此，如果我們覺得自己的怒氣開始沸騰，這時我們的首要任務就是保持謹慎，並且謹記並非所有的傷害都是刻意造成的，也因此，並非所有的憤怒都與道德相關。在我們進入如何巧妙運用憤怒的討論前，我們必須先接受一個事實：事情的發生並不一定都有根據或有原因。有時候，命運就這麼毀了我們的日子。如同老話說的：世事難料。沒有人該受責怪，因此，

也沒有所謂需要糾正的不公不義。在你上班途中，你所搭乘的公車爆胎了，害得你趕不上一個重要的會議。當然，這種事情很討厭，但那不是一個與道德相關的罪行；因此，也就不值得我們生氣。在這類事件中，我們只需要跟「那天很倒楣」這個事實握手言和即可。

所以，當我們內心的怒火開始翻騰時，我們就需要像一個**警惕的公民**在街上偵測到了一個躲在黑暗中的鬼祟身影那般。我們覺得不對勁，也許在不久的將來會有甚麼恐怖的罪惡發生。但我們需要進一步關注，我們不能兇惡地直接就跳出去與那個陌生人拼鬥，沒頭沒腦地施予暴力；相反的，我們需要小心地監視那個狀況。也許那個陌生人只是在等待他的朋友。一旦他的朋友出現，我們的怒氣也就會煙消雲散，而我們也會感謝我們的幸運之神，好在我們未在事情明朗化之前，就好戰地做出反應。反過來說，如果那個陌生人可疑的行跡繼續下去，且其身影最後潛入某個鄰人的花園中，這時我們該怎麼辦？在這種情況下，我們就要召喚一位**眼尖的偵探**來幫我們做深入的調查。

眼尖的偵探

現在我們知道我們有生氣的恰當理由了。天知道這世界上有多少叫人生氣的事情！例如，在西方社會裡，有非洲血統的人一直都承受著來自其他社會的集體不義與歧視。非洲

人所遭受到的壓迫可以追溯至古老的奴隸制度，而野蠻的奴隸制度從自有人類歷史以來就一直在摧殘著人性。借用蘇格蘭詩人羅伯·伯恩斯的一句話就是：奴隸制度是「人類對其同類殘忍」的一個永恆案例。但這些不公不義不僅是歷史上有毒的一章，且這份恥辱早已塵封在過往的時光裡而已。這些不公不義的事到今天還在持續發生，例如最近轟動美國社會的白人警察射殺多名黑人少年的案件。為此，美國還發起一個叫做「黑人的命也是命」的運動。

在反思到非洲人所面對的不公不義，沒錯，還有人們所遭受到的其他各種虐待時，我們多數人都會覺得忿忿不平。由此我們也可以清楚地看到本章的中心命題：憤怒可以是一種道德情感。保羅·羅辛及其研究團隊曾經更明確地提出一個影響深遠的理論：憤怒，是自由遭到侵犯時，人性的一種普遍反應[5]。這個理論奠基於理查·薛德的研究。而薛德強調，人類生活是由三個道德層面所組成，而這三個道德層面與我們之所以為人的三個基本道理息息相關[6]。第一，我們都是擁有自主性的、獨特的個體，不是牆上的一塊磚頭或機器裡的一個齒輪。這意味著我們都有身為獨立個體的權利。第二，然而我們也都是以「身為共同體的一部份」這樣的方式存在。我們不僅對自己有義務，我們也是社會團隊中的一份子。換言之，我們對團體也是有責任的。最後，我們在某種神聖的層面也擁有一個立足點。薛德在最早的時候稱之為「神性的範疇」，意指人們也享有上帝的神性。但這個觀點

在後來被重新組構——用一般人比較能接受的語彙——已經改成了「純粹／神聖」，意味著人類對生命本身的珍貴的覺知。後來，羅辛及其研究團隊主張說，當這些道德層面中的每一種遭到冒犯時，我們的內心都會升起一種不同的道德情緒反應：如果我們覺得身為自主個體的權利被取消了，我們會覺得**憤怒**；如果有人破壞團隊的團結精神，我們會覺得**羞恥**；而如果生命的神聖性被貶損了，我們會覺得**厭惡**。

因此，一個人，只要還有一點點人性，就會對奴隸制度——最典型的對自由的剝奪——產生憤怒。然而，體系化的壓迫仍然繼續在玷汙著西方社會，以及全世界大部分的國家。縱使有一些顯著的勝利——尤其是民權運動——但是擁有非洲血統的人仍然遭受著集體的不公不義。例如，即使美國人已經選出了他們的第一位黑人總統，非裔美國人的自由和機會仍然持續受到侵害與連累。

警惕的公民知道這是錯的，並感受到自己內在正義的怒聲。但是要糾正這個錯誤，他需要協助，而這就是**眼尖的偵探**該進場的時候了。他會駕馭那股憤怒並小心地收集能夠釐清問題所在的證據。沒錯，這正是「黑人的命也是命」這個運動正在努力的目標——明確且令人信服地突顯美國黑人所持續遭受到的體系化虐待。我們也在科技的駕馭中看到這個「證據收集」的手段，例如利用智能手機將權威人物毆打百姓的場景錄下來，然後在社交媒體上瘋傳。同然，雖然方式較傳統，但統計數據也能震撼人民，讓人民要求政府提出矯

正的措施。例如,每十五名黑人中就有一名坐牢,而白人下獄的比例卻小於百分之一[7]。同時,美國黑人家庭的平均收入是 $ 35,398元,而白人家庭則是 $ 60,256元[8]。此外,還有那些通常能造成更大衝擊的個人證詞。例如,多明妮克・馬蒂那篇〈為什麼我絕對是一個憤怒的女黑人〉的證詞就讓我非常的震撼。她公佈了為何一名女性有色人種絕對有權利發怒的多重理由——從孩童時期被輾碎的夢幻(有人告訴馬蒂她不能當公主,因為「公主不可以是黑人」),到親眼目睹親人被不公平的對待(學校一名資源教官在她哥哥有證據地堅持說他並未被禁止參加足球賽時,遭到該教官的毆打,而其原因只是該教官將馬蒂的哥哥誤認作另一名少年)。透過馬蒂的證詞,我們能夠真正地體會到憤怒是一種道德情感——一種對傷害及偏見的公正且**必須**的反應。

因此,在喬裝成**眼尖的偵探**時,我們的憤怒就會幫助我們深入調查我們所遭遇的惡行、明辨我們不滿的本質、並收集有助於鞏固正義的證據。而且,不僅在面對嚴肅的社會議題時(如被邊緣化的團體所遭受的壓迫),即使在處理較常規但仍令人生氣的事件時(如工作上的努力受到忽略),我們的憤怒也可以用這樣的方式來駕馭。你可能因升遷被阻礙而覺得不公平,或努力工作卻不被賞識而覺得憤恨。在這類案例中,切勿讓憤怒困擾你。你可以試著「成立一個案例」,並以明確、客觀的方式收集你認為自己為何值得更多認可的證據。然後,清醒地、理性地將那些證據呈現出來。

這樣應該就能將他人可能把你的怒氣視作「一個孩童想要贏得注意的幼稚行為」的風險降到最低。

證據一旦收集完畢，你就可以進行指認，並逮捕那些應該為你所遭受的不公待遇負責的人。這時，你就需要徵召你內在的**明辨的警官**來提供下一步所需的服務。

明辨的警官

在喬裝成**警惕的公民**時，我們的憤怒已經對某個潛在的罪行給予我們警示；而在作為**眼尖的偵探**時，他已經幫我們整理好了證據。現在，我們需要指認對我們造成傷害的人。這個動作乍看可能很簡單，但通常不是一件容易的事。例如，在街上，有個陌生人走向你，然後莫名其妙地攻擊你。當然，他要為他所造成的傷害負責。但是，他**為什麼**要攻擊你呢？如果我們得知了他在孩童時期曾經受虐，那該怎麼辦？他仍然要負責任嗎？當然，但也許不是全部的責任。說到責任之分配，他暴虐的父母親不用說也應該受譴責，因為，歸根究柢，他們對他的虐待才是造成他習慣性暴力的人。但是，**他們自己的**成長又如何？或許更加嚴酷，以致養成了他們施虐的天性。如此這般追溯下去，這將會是一條很長的因果關係。重點是，雖然我們對真正傷害我們的人感到憤怒，但在巧妙地駕馭自己的怒氣時，我們也要做一個**明辨的警官**，以便對某個罪行為何會發生有較深入的瞭解。這是

很重要的一點。而這也意味著我們努力地要看到一個更大的格局，以便能對導致某個罪行發生的複雜因素有所掌握。我們甚至可能發現，從某方面而言，我們大多數的人都是受害者。是故，我們不該單單責怪某個人；相反的，我們應該將這種侵犯的行為視作一種普遍存在的、體系化的事件。

讓我們思考一下性別歧視，這個至今為止仍陰魂不散的禍害，以及全世界女性所持續面對的不公平。自從瑪莉・沃斯通克拉福特寫下最早的女權主義論述後，時間已經過去了兩百年[9]。自從艾蜜莉・戴維森為了爭取女性投票權而死於國王喬治五世的馬蹄下後，時間也已經過去了一百多年。然而，體系化的性別不公仍然普遍地存在於每一個社會。如同種族歧視，性別歧視也在諸多統計數據上顯示出來。例如，英國婦女的平均收入到目前仍然比男性少19%[10]。我們也可以從無數的因性別歧視而遭到虐待的個人證詞中發現這個事實。毋庸置疑，這個地球上的每位婦女都曾在其生命中的某個時刻承受過性別歧視。我忽然想起最近發生的一個足以作為例證的案例，因為它不但十分荒謬（就施暴者的邏輯而言），也非常地令人不安：凱洛琳・克里雅多・普瑞茲在大膽提出珍・奧斯汀的肖像應該出現在新的十鎊紙鈔背面的建議後，在社交媒體上收到了幾百則威脅——其中有些還是真正的死亡威脅。

這種嚴重不公正的狀態——也就是婦女集體遭到阻礙、壓迫、和犧牲的情形——有一個名詞來形容它，叫做**父權體**

制,其字面的意思就是「父輩的統治」。誠然,這樣的體制不僅會在女人心中,也會在所有為平等奮鬥的人們心中,激起憤怒。不過,為了糾正這個觀念,我們必須問:這是誰的錯?而要回答這個問題,我們就必須先探討**父權體制**。它只是男人與生俱來的性別歧視的集體表現嗎?或者,它其中隱含著更深刻、更邪惡的某種意義,並且有著如蜘蛛網絡般繼承而來的複雜傳統與過程,連男性本身都深受其害?我的研究主題專攻性別對精神健康的影響。在我寫作博士論文期間,我曾閱讀過大量與所謂不斷升高的「男人的危機」有關的論文。那個危機在諸多驚人的統計數據下特別彰顯——從精神健康(自殺人數中男人的比例高達四分之三[11]),到犯罪(在英國,下獄的人口中,男人的比例高達95%[12])。顯然,不管父權體制是甚麼東西,也不管它可能賦予男人甚麼樣的權益——例如,個人自由或收入潛力等——許多男人其實在其他方面也因之而受害。

認可這個事實,並不意味著男人的罪責可以被免除。誠然,任何虐待或侮辱婦女的男人都必須為那樣的行為負責。但它確實意味著我們有更大的仗要打。我們需要將注意力轉移到改革那個鼓勵男人、甚至脅迫男人去傷害女性(也常常傷害他們自身)的體制上。例如,許多女人都曾在職場上遭受性別歧視的不公待遇。的確,我的許多女性友人及親屬也都曾跟我描述過她們在工作場域裡因性別歧視而發生的令人生氣的事情。而在她們告訴我之前,我還曾天真的以為她們

的工作環境已經是比較開明的了。這不但讓她們、也讓我自己覺得很憤怒。我關心她們，我希望她們一切順利；因此，我明白性別歧視不只是**她們的**戰爭而已，它也是與我有切身關係的一場奮戰。它事關所有男人：我們的生命裡都有我們所關心的女人，因此我們也都應該加入她們那個為一個更公平的體制而發起的戰役。

這裡的關鍵字眼就是「體制」。每一個在性別歧視裡放縱自己的男人，都必須受到譴責，並接受糾正與教育。但我們也需要改變體制本身，以便消除整個社會結構裡根深蒂固的性別歧視。例如，在學術界，這意味著建立類似《科學婦女之學術網絡》這樣的積極性組織（其目的就在打破途徑障礙及爭取同工同酬等條件，以鼓勵並支持女性從事科學研究）。毋庸置疑，在其他許多傑出的領域裡也有同樣令人喝采的組織。而所有的人，包括男人與女人，都應該給予支持與鼓勵。

接下來，等我們內在那位**明辨的警官**幫我們強化了對責任與譴責之複雜性的敏感度後，我們就需要請出一位**雄辯滔滔的檢察官**，來幫我們打這一場戰。

雄辯滔滔的檢察官

我童年時最早的記憶之一，就是坐在我父親的肩膀上，看著眼前萬花筒般、色彩繽紛、揮舞的旗海。抗議遊行總是洋溢著一種嘉年華般的氣氛──充滿一股令人陶醉的精神和

團結感。我很幸運，有一對很棒且充滿愛心的父母；他們很少對我大聲講話，並用溫柔仁慈的方式撫育我。同時，他們對於社會的不公不義一直都有深切的關懷，也因此我的童年充滿著他們對正義的熱情。我記得在許多寒冷的清晨，我們擠在許多志同道合的人群中，一起為各種進步的理由展開遊行──從婦女解放到核武裁軍等。我們是一群令人驕傲的和平抗爭傳統裡的積極參與者，而那個傳統的影響力已經遍及全世界。在糾正不公不義或改變惡質體制的手段裡，這樣的異議之聲已經證明是一個國家的公民所能運用的最具說服力的工具之一。而做為一種精確引導憤怒的形式，它就是**雄辯滔滔的檢察官**的化身。

抗爭通常需要極大的勇氣與決心，尤其在高度緊張的場域裡。我童年時在倫敦參加的那些抗議活動雖然基本上都相當安全，從未引起可怕的事故，但是有許多人為了讓自己的聲音能夠被聽見，卻是冒了極大的風險，甚至到了冒著生命危險的地步。與和平抗爭最有關連的兩位傳奇人物──印度的莫罕達斯·甘地，以及深受其「非暴力倫理」影響的美國民權運動締造者馬丁·路得·金恩──都是在為自己的理念奮戰時遭到刺殺。但是他們──以及他們所發起的運動，無疑更具影響力，因為他們即便在遭到嚴酷的挑釁和懲罰時，都仍然堅持住了道德的制高點。老天知道，他們兩人一定也都很想痛毆那些在許多場合壓迫他們的人吧。但是，身為**雄辯滔滔的檢察官**，他們知道那樣做只會在社會大眾的眼中削

弱他們的提議，並被當作煽動暴亂者遭到起訴。此外，金恩博士也以其強而有力的修辭能力大力宣揚說：對暴力採取反擊只會以惡性循環的方式引發更多的暴力行為，並激起更具破壞性的仇恨，最後摧毀了所有的人。他鼓吹他的支持者，在維持激發自己為正義奮鬥的怒火之時，也要遵循基督的革命法則，以愛與同情對待敵人。

對正義的積極追求有許多種形式。在過去幾個世紀中，曾經出現的最強大的糾正機制之一，就是提倡並創造較佳工作環境的工會運動。如同抗議遊行，工會主義也利用為了共同目標而產生團結的能量與安全感，掌握了集體聲音的力量。但對於那些牽涉其中的人而言，工會運動常常是很危險的事情，因為他們會遭到來自機構的壓迫和既得利益者的反擊。例如在英國，工會運動是為了抗議工業革命所造成的非人道條件而展開，但政府卻因為害怕人民會起義暴動，而在1799年將工會主義判決為非法事件。雖然那些法律在二十五年後被廢除了，但是政治影響力仍掌握在富有的上層社會手中，因此工會在接下來的許多年裡仍持續遭遇到重大且組織嚴密的反對。例如在1834年時，六名來自多塞特郡托爾普多村的農工——後來被稱為「托爾普多蒙難者」——就是因為工會活動而被逮捕並放逐到澳大利亞去。比這更嚴酷的壓迫直到今日仍存在。2015年時在菲律賓，佛羅倫西歐·羅曼諾在領導工會活動才五年後，就成為了該國第十八位被刺殺的工會領袖[13]。

顯然，對權威說出真相有時是很危險的。但它也是一種崇高的行為，因為它體現了勇氣與倫理目標之精神。就我個人而言，我的雙親在這方面曾經給我很大的啟發。例如，我父親在大學教書期間，除了努力當一名盡職的教授外，也因為他同時擁有工會代表的身分，而奉獻了無數的時間給那個角色所需承擔的責任。他的主要任務就是保護那些發現自己在職場上受到不公待遇的受雇者。他們有些人是代罪羔羊，替他人承擔非自己業務範圍內的責任；有些則是因為與上級意見不同而遭到對方捏造的指控。對那些不公不義，我父親總是很憤怒，並覺得有義務為那些人討回公道。那並不是一件出風頭或報酬豐厚的事，但卻是有價值且具有尊嚴的事。他替那些缺乏聲音和力量的人發聲，並因此而贏得許多人的尊敬。最後，他會向陪審團提出申訴──通常以法庭裁決的方式──以取得正義的判決。

仁慈的陪審員

在史蒂芬・史匹柏的電影傑作《辛德勒的名單》裡，有一場很撼動人心的戲。辛德勒的會計師兼道德指標伊札克・司特恩正在跟集中營裡那個變態的看守長阿蒙・葛斯說話。在那個人間地獄裡，葛斯擁有絕對的權利，而因為那樣的權利，他沉溺在各種最邪惡的興緻中，包括草率地處決孩童的生命。為了在這個殺人魔王的心中喚起一絲絲人性，司特恩

給他講了一個對自己的子民擁有絕對權威的國王的寓言故事。所有的百姓都很畏懼國王。有一天，一個子民被帶到國王的面前；雖然只是犯了一個小罪，但那個震顫不已的可憐人絕望地認為自己一定會被判處死刑。但是，國王竟然原諒了他，並把他釋放了。司特恩看著葛司冰冷殘酷的眼睛，對他低語：「**那**，才是真正的權利。」這句話對那個無可救藥的看守長傳達了雙重訊息：展現仁慈，不是一種軟弱，而掌控也不需透過侵犯和武力。相反的，仁慈可能是權力的終極演示，也是行使權威的最佳手段。

　　我不敢建議說我們應該如何回應虐待。前文提過，我在這本書裡會儘量避免使用「應該」這類字眼。因此，假如有人曾經深深傷害過你，我沒有權利說你應該原諒他們，或做為有權力判決他們罪行的人，你必須要寬宏大量。只有你知道他們曾對你造成甚麼樣的傷害，以及他們應該接受甚麼樣的懲罰。然而，想到我們在生命中的許多場域裡都可能感到無助，都可能遭到無法控制的各種龐大力量的打擊——從經濟趨勢的無情浪潮，到官員躲在象牙塔裡所制定出來、影響民生甚鉅的國家政策等——我們唯一仍能掌控的範圍就是我們對虐待的回應。有時，誠如卡繆在《反抗者》一書中所指出的，這是我們唯一所能擁有的[14]。即便一個奴隸雙腳被鐵鍊綁住，走路蹣跚，無法從其主人對他殘酷的鞭撻中解脫，他的主人也不可能完全掌控他的心智。無論他們如何將他當作牲畜般踐踏，他仍然可以說：「不，我是人。」因此，當憤怒逼迫我們去審判那些傷害

我們的人的罪行時，我們可以從知道自己至少擁有某種程度的
權力與掌控來獲得些許力量，因為我們可以**選擇**以仁慈或不仁
慈的方式來回應它。而我們若的確展現了仁慈，那不但對我
們所審判之人，甚至是對我們身為受害者而言，都可能很重
要。前文曾提及憤怒轉成仇恨的危險，因為那對仇恨者的傷
害往往比對受其仇恨者的傷害來更巨大。是故，保持憐憫之
心可說是防止正義的憤怒變成有毒的刻薄最有效的方式之
一。也就是，用慈悲、憐憫的方式來表達自己的憤怒，對我
們**本身**而言，其實是更有利的。

最近，我讀到了一則我們暫且稱她為蘇珊的婦女的故
事。在母親節前一天，蘇珊的寶貝女兒吉兒從大學回來。當
晚，吉兒與一名友人外出。稍晚的時候，吉兒打電話給媽
媽，告訴她說第二天早上才會回家，並跟媽媽說我愛妳。那
是蘇珊最後一次聽到女兒的聲音。幾個小時後，一名酒醉駕
駛撞上了吉兒和她朋友所開的車，兩人當場身亡。蘇珊被迫
在母親節那天指認自己女兒的屍體。沒有言語能夠形容她所
感受到的悲傷與震驚，以及她對那個毫無責任感、奪走她女
兒生命的人的憤怒。而她的憤怒在接下來的審判裡不斷升
高，因為那個看起來冷漠且毫無懺悔之意的駕駛竟然不認
罪。蘇珊希望他受到最重的判決，不僅是為他所犯下的罪
行，更為他拒絕為自己的行為負起責任的冷酷無情。在她的
審判裡，他罪不可赦；的確，跟她感同身受的人，也都會這
麼認為。

然而，在法官判決前，蘇珊收到了那名駕駛的來信。那封信與他在法庭的態度正相反，透露了一個被懊悔折磨殆盡的人的心聲。沒錯，他在信中寫道，審判期間他就曾想要道歉，但他的律師教他甚麼也不要說。他並不是一個無情的反社會人格者，他說，而是一個犯了可怕的錯誤、終生都要在悔恨裡煎熬的人。之前蘇珊曾想過原諒，但是看到那個駕駛似乎沒有悔意，便打消了那個念頭。然而現在，想著他真誠的懺悔，她在判決的聲明結束後，當著法庭說：「我原諒你。」那真的是一句英勇又寬宏大量的話，給那個身心俱毀的年輕人提供了一絲救贖。但對蘇珊自己的復原之路而言，那也是重要的一步。她不想自己的下半輩子都在悲痛中渡過，因此她在做為一名**仁慈的陪審員**中找到了一些平安。她仍然覺得那名駕駛應該受到懲罰；但是，在痛恨罪惡的同時，她能夠給那個罪人一些憐憫，將他視為不過是另外一個不完美的人類罷了。畢竟，每個人都會犯罪，雖然結果不一定都會像這個案例那麼不幸。借用艾塞亞・柏林那句令人難忘的話，就是：我們都是由同一塊「扭曲的人性之材」所雕刻而成。

憐憫與原諒是貫穿本書最重要的主題。以蘇珊的例子來說，對他人慈悲有助於她自己的重生。話說回來，我不知道自己是否足夠強壯，能夠做到同樣的地步，我也祈禱我永遠都不會受到類似的考驗。在你自己的磨難中，只有你自己知道原諒是否正確，且對你自身是否也有益。是故，做為一位

仁慈的陪審員，在給予他人慈悲的同時，切記最重要的是，也要對**你自己**慈悲。要做到這一點，可能很艱難，因為我們通常把最嚴酷的審判留給自己。是故，像克里絲頓・內芙這樣的心理學家都會鼓勵我們做能促進「自我憐憫」的練習[15]。例如，激發憐憫——對他人也對自己——最有效的技巧之一，就是練習「慈愛冥想」[16]。它源自佛教，但你當然不需成為一名佛教徒，甚至不需擁有特別的靈性，就能從中獲益。對任何想要培養慈悲心的人而言，那都是一個簡單的起步。然而，不論你選擇做甚麼，也不論你決定如何評估冒犯你之人的罪愆，都請努力對自己保持慈悲。切記：你是在沒有任何人必須去面對的可怕情境中，盡自己最大的努力。

一旦確認有罪，我們就必須想出最適當的矯正方法及矯正的程度。為此，我們需要當一名**睿智的法官**。

睿智的法官

那是2013年八月二十四日的清晨，看起來似乎只是孟加拉首都達卡市的另一個星期三。但是，熱那製衣工廠的外面據說出現了一個不尋常的景象[17]。那個八層樓高的水泥建築裡容納著3,500名工人，其中80%都是年齡介於十八到二十歲的年輕婦女。她們大多數人每周工作高達一百小時，每小時工資僅12分錢。她們的工作就是製做衣服，而西方的跨國公司會以低廉的價格將它們販售給富裕的歐洲及美國消費者。

然而那天，大樓的外牆已經開始出現巨大裂縫，擔心自身安全的工人們拒絕進入工廠大樓。但後來，由於廠方威脅將扣住那些不進入大樓工作的人一個月的食物和薪水，工人們只好被迫進入。在早晨八點鐘時，工人們勉強進入工廠並開始工作。四十五分鐘後，燈光忽然熄掉，工廠的緊急發電機啟動起來。幾乎同時，整座大樓開始搖晃。緊接著傳來一聲震耳欲聾的爆炸聲，大樓坍塌。一周後，幾乎一輩子都在為幾毛錢操勞的1,137條年輕生命，確定罹難。

　　大量的研究確認了一個明顯的事實：多數人都會被這種為了鑽營利潤、甚至連工作場域的基本安全都無視的殘酷和冷漠激怒。例如，塞維亞・葛拉琵及其研究團隊就曾經以企業不負責任的假設性案例提出報告，並指出與倫理相關的侵害行為一定會升高人們的憤怒[18]。當然，即使最仁慈的陪審員也會宣告這類罔顧人權的強盜公司有罪。但是，為了巧妙駕馭我們的憤怒，以便達到預期的影響力，我們必須超越那樣簡單的判決。我們需要成為一名**睿智的法官**，並裁定出最適當、最有效的懲罰形式。在這裡，**睿智**正是關鍵字。所以，我們所企圖加諸的必須是一個有最大機會改變情況並矯正其嚴重行為的懲處。

　　以企業失責這樣的案例而言，我們可能對那些似乎無法撼動的跨國公司感到厭惡，並哀嘆：「他們怎麼能那樣做呢？他們怎麼能如此惡劣地對待自己的員工呢？」卻以為自己在懲罰這些人方面無能為力。但這不是事實。首先，我們

必須接受「我們」就是「他們」。一家缺乏倫理道德的企業不是一隻在孤立的荒漠中製造破壞的野獸。相反的，它矗立在一個龐大且有毒的蜘蛛網的中心點，而我們就是那網絡的千絲萬縷之一。利潤豐厚的跨國公司是被我們以及其他數以百萬計的消費者所創造並支持下來的。我們不顧道德源頭、想要購買便宜衣服的欲望，在創造像熱那製衣廠以及現今許多血汗工廠的邪惡條件裡，扮演著關鍵性角色。

這是懲罰性的覺悟，但它也賦予我們力量。因為，如果我們必須為工人的受剝削負起部分責任，那麼我們也能夠幫它做一點改變。我們手中握有多種可以自由運用的懲罰性工具，可以促成企業的改革──從示威、抵制，到口耳相傳和社交媒體的推動等。不要忘了，多數企業最在乎的就是他們的利潤。雖說這在倫理方面令人沮喪，但它也有很實際的作用。因為，只要我們用我們的惠顧回報那些重視道德的公司，並用拒絕購買其產品的方式懲罰那些沒有道德的公司，那麼我們就能造成一些改變。例如，就在我開始寫作本章的前幾天，一家英國的超市忽然宣布要移除他們店裡所有的慈善回收據點。這個決定激怒了很多人，而一個聯合抵制活動很快就聚集了龐大的氣勢。其結果是，那家對保持自身利益與名譽非常敏銳的超市，迅速緩和了對這件事的處理態度並重新設置了收集據點。消費者的壓力能有多迅速並成功地引出正面的倫理結果，這便是一個很好的例子。

我們也可以在較與個人相關的罪行上努力做一名**睿智的法**

官。想想全世界三分之一的婦女都曾遭遇過的家暴問題[19]。在那種情境下，首要的當務之急就是終止暴力，不管是逼迫施暴者住手，或幫助受害者逃脫。於此，**法官**的任務就是決定如何達到其中一種結果。詹姆斯・麥克納提及彼得・芬夏姆曾在這個領域裡進行過重要的研究[20]。他們在研究中提出一個質疑：在家暴案件中，我們通常視之為「正面」的情感，例如原諒，究竟應該給予到甚麼程度？受害者一旦脫離虐待關係，他們的確可以對之前的施暴者培養某種程度的原諒[21]。但若仍處於虐待關係中，那麼展現大度的原諒卻可能很有問題，因為它可能會在不經意間延續並惡化暴虐的情況。不用說，麥克納提及芬夏姆的用意並不是要將問題歸咎於受害者。反之，他們是想幫助受害的一方迫使加害者承擔起責任來。

最終，當然，我們需要給犯罪當事人安排最適當的矯正及懲處，而這同樣需要非常謹慎的考量。為此，我們來到憤怒的最後一個角色：**改革監獄長**。

改革監獄長

我們已經明白憤怒可以是一種道德情感，一種對這個世界「大錯特錯」所發出的內在訊號。此外，憤怒如果被巧妙地駕馭，它就可以在糾正這些錯誤上扮演一個重要的角色。憤怒的駕馭的確需要技巧，否則它便有可能腐蝕成仇恨，並將給每一個人，尤其是我們自己，帶來更惡劣的結果。然

而，如果能熟練地運用憤怒，它便可以發揮許多重要的功能，讓這個世界變得更加美好。而在這個過程中的最後一個角色就是：**改革監獄長**，也就是執行「懲罰」的人物。

在這裡，改革的觀念是關鍵。當我們在震怒中懲罰某個人時，心裡當然會有一股嚴懲對方的欲望：讓那個加害者也承受同樣的痛苦，如同我們所承受過的那般。以眼還眼的觀念跟人類的歷史一樣古老，而且它的確涵蓋了某種基本的公平與正義感。但是，追求這種對等性的懲罰，卻是一條危險的路。曾經選擇過其他道路的人建議說，將懲處的目標訂定在一個更崇高的境界，並尋求冒犯者的洗心革面可能比較好——即便那想法令我們痛苦。其重點是，遵循崇高的路徑最終並非是為了那些作惡之人及他們的改過遷善，而是為了你自己及你自己的復原。顯然，從犯罪者的角度來看，讓他改過遷善比施予報復性的懲處好：前者也許是犯罪者回歸文明的途徑，而後者則可能將他推入更黑暗的深淵。但我們也許會忍不住這麼想：「那又怎樣？是他自作自受。一旦他被關起來，我何必在乎他會變成甚麼樣？」對真正兇殘的罪行來說，這也許是我們唯一的可能反應，也是我們能夠繼續活下去的唯一方式。然而，無論是何種方式，身為受害者的**我們**當然需要經歷復原；而如果傷害我們的那些人也能體驗到復原之益處的話，那麼我們通常也能從中獲得支援。

研究發現，如果悲劇或罪行是在無知或愚昧的情況下發生——也就是，沒有原因或目的——那麼其處理、承受、和

恢復，會困難的多。因此，能夠在創傷中找到某種意義的受害者通常比較能夠體驗較具成效的復原[22]。對其中某些人來說，這種意義感可藉由感知痛苦所隱涵的精神層面來獲得，例如將所遭遇之事視為「上帝的旨意」，或說服自己所愛之人已經「去了一個更好的地方」。對另外一些人而言，這種意義感則可以透過某種遺愛人間的方式來獲得，例如某些人在歷經悲傷的喪親之痛後，勇敢並高貴地爭取在陪審團列席下給已逝的親人驗屍。在這些案例中，其公開的意圖通常都是為了預防未來同樣的悲劇發生。當然，他們也都知道，這麼做並不能讓心愛的人回到身邊來，但它至少意味著他們至親的死亡並非完全徒然，且對他人將來的福祉多少有些助益。

蘇珊所選擇的正是這樣一條無私且英勇的道路。在給害死她女兒的那名年輕駕駛提供了某種程度的原諒後，她的復原之路——為那名酒醉駕駛，也為她自己所鋪就的——並未就此停止。她開始對年輕人發表反酒醉駕駛的談話，希望能夠預防未來同樣的悲劇發生。除此，她也在那些談話活動中邀請那名年輕駕駛參加。無論這在他生命中所扮演的可能是哪樣的復原角色（不用說，一定有其成效），看到他站在蘇珊的身邊，對聽眾而言就是一個很大的震撼，而它所傳達的強大訊息無疑將在未來挽救許多人命，正如同蘇珊所期望的。

是故，無論你遭遇了甚麼傷害，無論你對那些造成你痛苦的人有多憤怒，在給予對方具有復原力的正義審判中，或

許都隱含著些許救贖，尤其是對你自己。這是利用憤怒來改造世界、使其更美好的過程中的最後一步。

然而，有時候，**我們**可能就是那個犯錯的人，傷害了他人、激起了**他們**的憤怒。在這種情況下，我們就必須與內在的愧疚角力。而這就是我們下一章要探討的主題。

第四章

愧疚

在所有令人揪心的戲劇場景中,很少比馬克白夫人驚悚地墮入瘋狂那般更叫人震撼的了。我們看著她有如中了魔咒般拼命地想要洗去手上想像的血汙、妄圖將之除去並彌補她與丈夫共謀殺害鄧肯國王的罪愆。她悲切地哭喊著:「這一雙手永遠洗不乾淨了!」現代研究咸認莎士比亞是一位真正敏銳的心理學家。鐘辰博及凱蒂・李珍奎斯特指出,愧疚感確實會讓人們想要清洗自己,彷彿他們的過錯使得自己的身體也遭到了玷汙般,因此需要淨化[1]。研究人員請一組參與者回想過去曾經做過的一件錯事(「不道德組」),另一組參與者則回想做過的一件好事(「道德組」)。之後每一位參與者都因參加這個實驗而獲得一個小禮物:一枝鉛筆或一片消毒濕紙巾。「道德組」裡的參與者幾乎都選了鉛筆,而「不道德組」裡的參與者則多半選擇了濕紙巾——可能希望擦掉自己的過錯。同樣的,在那項研究裡的第二部分[2],另一

組參與者被要求反省過去的一件錯事。之後，他們其中幾個獲得了一片消毒濕紙巾來清潔自己的手，而另外幾個則甚麼都沒獲得。接著，所有的參與者都被詢問是否願意幫忙未來的研究計畫。那些已經在形體上——也因此意義上——潔淨過自己的參與者比較沒有意願，而沒有清洗過的參與者則較樂意。據推測，那些沒有清洗過的參與者可能是覺得自己仍然因過失而汙穢。

除了愧疚與淨化之間引人入勝的緊密關係外，這些研究還告訴我們：愧疚可以幫助我們變成更好的人。我們可以將愧疚視為憤怒的對應者；兩者都可以是道德情感的一種，唯一的差別就在它們的對象。憤怒針對的是他人，但當我們覺得愧疚時，我們所專注的則是對自己的譴責。在前一章我們已經闡述過，憤怒可能是對一個不公正的狀況的一個道德反應，並且在矯正不公不義上，可能是一個擁有巨大影響力的媒介。同然，如果一個人願意為自己曾經造成、支持、或甚至致力的某種錯誤負起責任來，那麼其結果也可能是有極大益處的。我們大多數人都曾在某個時刻、以某種方式，對某件事情懷有愧疚感。沒有人是完美的，但我們都可以努力向善，或至少讓自己變得更好，而這就是愧疚的價值。如同憤怒，它也能夠形塑我們道德指標的一部份。愧疚感是我們對自己做錯事的本能感知；因此，它也是我們對自己所犯之錯的性質的一個重要訊息來源。不幸的是，我們偶爾可能會過度地覺得愧疚，或毫無根據地愧疚。但是，透過慈悲及深思

熟慮的反省而產生的**適當**的愧疚，卻可以是一個正面的刺激，督促我們走向改過遷善的正軌。

釐清愧疚、羞愧、和恥辱

當我們比較瞭解何謂愧疚時，我們可能也會認識到它的兩個粗糙的夥伴：羞愧與恥辱。迷失在自我沉溺的迷霧中時，有時我們不會注意到自己的過失。這倒不一定是因為我們麻木不仁；相反的，我們可能只是因為某些重擔而太沮喪，以致未能領悟自己已經笨拙地轉向到某個同行之人的道路上去了。在這種情況下，我們就需要他人即時、尖銳的提醒，才會體會自己人生道路上的錯誤。

當然，羞愧與恥辱都是非常令人不快的情緒。因此，我們必須謹慎，不要有那種對他人的倒楣抱著幸災樂禍的從眾心態，如姜恩·朗森在他的書裡所闡述的那種令人不安的狀況[3]。這種惡劣的以群眾為基底的犧牲他人，由於社交媒體的興起，不幸地已經變得相當普遍，因為人們很容易就可以煽起一股「推特暴風」，並對某個言行不當的人燃燒起譴責的燎原大火。這並非表示所有的公開批評都應該被禁止——有時那些言論是完全有依據的。但是，群眾羞辱可能會危險地轉成自以為是和攻擊：有人可能只不過是因為一個愚昧的推特訊息，就意圖摧毀一個人。在這種電子獵巫行動裡，你找不到一點點寬容的精神。沒有任何受害者曾經因為有些人對

攻擊提出質疑而獲得平反。絕少攻擊者願意去理解受害者的意圖或試著去考量他們言行的來龍去脈。而且，他們對忽然遭到羞辱的受害者也極少顯露同情。

話說回來，假如我們發現自己正承受著羞愧或恥辱，即使在那種不愉快的情緒中我們也能夠收穫一些好處——一些藏在泥巴裡的鑽石。如果我們在反省時，體認到自己的羞愧或恥辱是自討的，那麼這樣的領悟便能夠帶給我們一些寶貴的教訓。仔細想想，就文字的字面來看，恥辱（humiliation）與謙遜（humility）兩字關係密切——都是來自拉丁語彙中的卑微（lowly）一字——兩者都是被當作美德來讚揚的。因此，如果我們能夠將恥辱的經驗轉化成一種謙遜感，一種我們都會犯錯的體認，這不是很好嗎？只要有根據且與其因由相對稱，那麼羞愧與恥辱就是這個世界在提示我們說我們犯錯了、我們有足夠的理由覺得愧疚的一個工具。反過來說，愧疚也可做為一種道德情緒，成為能夠幫助我們掌握生命、走向更美好未來的一股激勵的力量。同樣能做此解釋的還有「懊悔」一詞；基本上它是一種愧疚的憂鬱形式，一種對過往錯誤的悲嘆。很多人會說「沒有懊悔」，但事實上，沒有人不會犯錯。因此，我們當然都會有一些懊悔的理由。而這可以是一件好事，只要我們能夠學會如何睿智地運用它。

在傷害了某個親愛的人後，你心裡可能承擔著愧疚的重壓。但不是只有你會有此感受；即便最神聖的人，其內心裡也都會乘載著類似的負擔。關鍵是，你毋須打發那股愧疚

感；相反的，你可將之轉化成一次強大的學習經驗。任何想
要理解愧疚感源自何處的企圖，都在暗示著我們內心裡擁有
一種意欲改變自己並變成一個更好的人的渴望。沒錯，往往
只有當我們深刻地反省自身的錯誤時，我們才能找到開創與
成長的動機。因此，如果我們犯錯了，那麼我們的責任──
以及我們的救贖──就隱身在我們對錯誤的檢視，以及對所
造成之傷害的反省裡。重要的是，這樣的自我反省絕不能沉
入自我怨恨的深淵中。反之，我們需要以一種自我憐憫的精
神來思量自己過去的行為，然後將因而產生的愧疚感導向富
有成效的方式，並利用它來督促自己成為行止較端正的人。
這個過程有助我們更善待他人，對他人更體貼、更尊重；而
這些，反過來，也會給我們的生活帶來更多的利益。你不需
要懷抱因果關係這個概念才懂得「你越善待他人，他人也就
會越善待你」的道理。

　　在這一章裡，我們將探討如何巧妙地駕馭愧疚感，並利
用它來將自己的生命塑造得更美好。然而，我們首先必須瞭
解的是，我們的行為是由許多種不同的動機導致而成的；也
因此，我們所要面對就是許多種不同的愧疚感。而這就是我
們在下一節裡要討論的。

動機光譜

　　在一個小鎮裡，一個女人躺在床上，渾身高燒。她的丈

夫漢斯急得快瘋了，他衝到醫生那裡請求他救人。醫生告訴他，鎮裡的藥劑師羅夫的店裡有一種藥，能夠治療他妻子的病。漢斯跑到藥劑師的店裡，要買他的藥。羅夫拿出藥來，並告訴他說一瓶要2000英鎊，而這個敲詐般的價錢遠超過漢斯手上微薄的積蓄。因此，他淚流滿面地跟羅夫解釋他的困境，並懇求羅夫把價格降低一點。但是，那個藥劑師是個冷酷無情的生意人，從未讓感傷侵蝕自己的利潤。漢斯努力地跟他協商，他建議說先付給羅夫200英鎊（他當時所有的錢），未來幾年再將餘額分期攤還給他。羅夫仍然無動於衷。於是漢斯奔出店外，挨家挨戶地去敲鄰居的門，請求他們借錢給他。他的朋友都很慷慨，但漢斯最後也只籌到了1000英鎊。情況看起來很無望。於是，當天夜裡，漢斯做了一件他這輩子從未幹過的事：他觸犯了法律。他從藥局的窗戶爬進去，把藥偷走了。他親愛的妻子終於從死亡的邊緣活過來，並完全康復。

如果我們陷入同樣可怕的困境，相信所有的人都會忍不住做同樣的事；換言之，多數人可能都會跟漢斯一樣，做出竊取藥物的行為。但關鍵問題是：他這麼做是對的嗎？如果你的回答是「是的，當然」，那麼他對的根據在哪裡？這些問題的答案正是羅倫斯·柯柏格設計以上所述之情境時想要獲得的研究成果[4]。他將研究重點放在「道德推理」上；基本而言就是，我們為何做我們所做之事，以及我們如何對自己合理化自己的所作所為。他將漢斯的困境呈給數以千計的

人，並問他們對漢斯偷藥的看法。漢斯的行為是對的嗎？如果是，為什麼？這個計畫長達多年，而在研究期間，人們以各種角度和觀點試圖解釋漢斯的行為。最後，六個主要答案浮上了檯面。於是，柯柏格結論說，人類受到六種明確的動機——也就是人們在生活中為何選擇，並合理化某個特殊行為的不同理由——之驅使。**動機光譜**能夠幫助我們理解自己的行為。多數人即使沒有受到過全部六種動機的影響，他們也都可能曾經受過其中幾個的慫恿。而當我們行為不端時，我們所體驗的不同愧疚感，其差異也視影響我們行為的不同動機而定。此外，這些不同形式的愧疚感並不全然相等，其中有些比另外的一些「好」。因此，即使我們永遠都無法完全擺脫愧疚感，我們至少可以開發比較正面的愧疚形式，以期能夠塑造一個較佳的自我。

　　人們用來解釋並合理化漢斯的行為的頭兩個理由，所根據的就是當事人的作為會對他自己**個人**產生甚麼樣的結果。柯柏格稱它們為「前習俗」動機。引導這類動機的並非習俗（法律或社會規範），而是對懲罰的恐懼及回報的預期。在第一種動機裡——柯柏格稱之為「服從與懲罰」——一個人會否被激勵去採取某種行動，主要基於他是否相信自己最後會受到懲罰。將這樣的動機擬人化後，我們可稱之為我們內在的**服從的僕人**。若從這個角度來考量漢斯的困境，那麼任何人可能都會辯稱他**不應該**偷那瓶藥，因為他可能會被發現並遭到逮捕。如果你曾經為了躲避某種可怕的情境而做了自

己明知道是錯誤之事的話,那麼幾乎可以確定的是,你會遵循這條推理的線。因為來自老闆的壓力而在工作上從事陰暗或不道德的活動,就是一個最好的例子。第二種前習俗動機,其焦點會從懲罰轉向回報,也就是當事人的行動是受到他所想要或所需要之事物的激發,不管那麼做是對或是錯。在這種案例中,我們都是受到了自己內在**珠寶賊**的誘導。而若從這個角度來推理,那麼我們可以辯稱說漢斯**應該**偷那瓶藥,其理由很簡單:因為他**想要**那瓶藥。假如你曾經因為貪婪或自利考量而做錯事,例如竊取某個東西或說謊以便獲得晉升,那麼你對這種推理的形式及因其而衍生的愧疚應該不陌生。

接下來的兩種動機,柯柏格稱它們為「習俗動機」,因為它們所根據的正是社會的法律和規範,而非個人的害怕與期許。他給這一組動機的頭一個取名叫做「好孩子」。擁有這種態度的人,只會做社會大眾所認可的事情。換言之,他們會遵循自己內在那個**討好者**的指導。你若從這個角度來檢視漢斯的困境,那麼你可能就會爭辯說他**應該**偷藥;因為他若沒有盡自己所能來挽救妻子的生命的話,那麼他就會招致家人和朋友們的譴責和憤怒。假如你曾經為了融入一個團體或贏得該團體的贊同而做了自己明知是錯誤的事,那麼你應該很熟悉這種推理及其伴隨而來的愧疚感。接著,柯柏格稱這一組中的第二個習俗動機為「權威與社會秩序」。在這個動機裡,法律規則支配著一個人的行為,並容許他將之合理化。而這包括了所有治理這個社會的法規及宗教傳統的命令

等一切規則。在本章裡，我將這個角度擬人化後，稱之為**遵守法律的老實人**。一個受此思維影響的人會同情漢斯的困境，但仍會辯稱說，他**不應該**徇私枉法。假如你曾經固執地遵守一條規則——即便很想破壞它——你可能就會受到這條推理線的指引。例如，想像一下一位警察攔下一輛超速的汽車；雖然他發現駕駛是一名急著要將生病的孩子送醫的婦人，他還是給她開了一張罰單，因為他身為警察的責任就是維護法律。

柯柏格歸納出的最後兩種動機，他稱之為「後習俗」動機。人們對這種狀況有一個結論，那就是：社會的傳統法律並不完美，因此，我們需要採取一個，至少在我們心目中，「較高層次」的觀點。其中第一個動機就是一般人所熟知的「社會契約」。於此，我們認知到法律只是一種基於文化所創造出來的東西，而文化通常有瑕疵；而且，最重要的是，若是不適當的話，可以接受改善。因此，我們可以且應該基於共同的協議而致力於提升法律的品質。我稱這種動機為我們內在的**社會改革者**。從這個角度來看，你可能會覺得法律將優先權判給牟利者、並置貧困人民之需要於不顧，是一件大錯特錯的事。你會辯稱說漢斯**應該**偷藥，而且法律也確實需要改變。如果你曾經推動一項你認為不足取的法案之改革，那麼你對所謂社會契約應當很熟悉。同然，當一個人受到最後一種動機，也就是「公理」的指引時，他會覺得道德審判應該基於某種超越社會共識的理想。這個角度的其中一

個層面通常是：人命是神聖的，因此漢斯應該偷藥，不管他人如何看待他的行為。將這個動機擬人化後，我稱之為**有原則的理想主義者**。如果你曾經為某件事採取堅定的立場，尤其是你若曾經需要為自己獨力辯護的話，那麼你可能就受過這種論點的影響。

我們很快就能體認，柯柏格所歸納出來的這六種動機及其理由如何有助於我們理解自己的行為。除此，我們也要利用這些反思來努力發展與成長。柯柏格指出，如果有更多的人能夠受到後面幾種動機——尤其是後習俗那兩種——的指引，那麼這個世界將變得更美好。他將此六種動機視作一架梯子的梯級，能讓我們在成長的過程中越攀越高，並在最終獲得較圓滿的幸福狀態。因此，我們將探討如何利用愧疚感來幫助我們從較低層級的動機（**服從的僕人和珠寶賊**）往上攀登到**有原則的理想主義者**那個巔峰。例如，你自己曾經在某個時刻因為受到**珠寶賊**的驅使而做出自私自利的行為並為此感到愧疚。懷抱著懊悔，你卻可能因此而獲得力量，能夠在未來遵循比較高尚的動機，例如對他人的關心和協助等。這種心理上的發展很重要，因為它正是一個人能夠擁有一個富足、道德、且充實的人生之關鍵。如同這世界上最知名的心理學家——從亞伯拉罕・馬斯洛[5]到卡爾・榮格[6]——所指出的：我們越努力當一個好人，我們就越能擁有一個快樂且充實的人生。從這個觀點出發，接下來我們將一一探討以上的每一種動機。

服從的僕人

你覺得你能夠殺害某個人嗎？你可能會認為那一定是在某種極端的情況下，例如為了自衛而不得不採取的行動。如若不然，你當然不會！令人震驚的是，有一個聲名狼藉的實驗卻告訴我們，你對那種可能性的免疫力或許比你自己所以為的還要低！1961年時，史丹利・米爾葛蘭姆邀請了一群新海文市的市民到他的實驗室去參加一個叫做「學習實驗」的研究[7]。他將參與者分配到兩個不同的群組裡：老師或學生。然後每一位老師單獨地坐在一間個別的房間裡。每一位老師的面前都有一架機器，上面有許多看起來有點邪惡的開關。接著，老師們被告知，其中某個學生在另外一個房間裡，而他們會給那個學生測驗一系列的問題。假如那名學生回答錯誤，老師就要打開第一個開關。而此處正是該實驗叫人震驚的地方，因為就那機器上所顯示的，該開關會對那名學生發出15伏特的電極。如果那個學生在接下來的第二個問題仍然答錯了，那麼老師就必須打開第二個開關，而這一次，該名學生會受到30伏特的電擊。以此類推，每一次增加15伏特，最高到達450伏特。而如同機器上所警示的，若是打開最後一個開關，學生將「必死無疑」。事實上，當然，那不過是一個精心設計的騙局：那些學生都是演員，並且不會受到任何電擊。但是，那些實驗很讓人信以為真。一開始，那些學生只是尖叫著懇求憐憫。在300伏特時，他們發瘋般地敲打著兩

個房間相連的牆，哀求那個老師不要再施予電擊了。之後，他們完全停止回應，好像因為痛苦而手足無力或已經死了。當然，那些老師——其中有些變得很痛苦——都對研究人員發出抗議並要求他們終止那種折磨。但研究人員的反應卻只是對著他們大吼說：「你必須繼續！」

在開始那個計畫之前，米爾葛蘭姆事先邀請了四十位知名的精神病學家，請他們預測那些老師會做到甚麼地步。大家的共識是，少於4%的老師會打開300伏特以上的開關，且只有0.1%——可能有某個變態流氓滲透進了那個實驗——會一路開到底。未料，實驗的結果震驚全世界：有三分之二的老師一路到底地打開最高450伏特的開關。換言之，由於某個穿著白外套的人之指令，他們已準備好要殺害一個完全陌生的人，只因為他沒通過一個愚蠢的文字遊戲。

無論在何種背景下，這個發現都令人憂慮；但是，鑒於當時正對著幾乎全世界披露的某可怕事件，這樣的研究結果特別令人不安。負責組織歐洲猶太人大規模遣送至死亡集中營的前納粹軍官阿道夫・艾希曼，在米爾葛蘭姆的計畫開始前三個月開始接受公開審判，而計畫進行時，那個審判仍在持續中。在世界大戰前，艾希曼是個毫不起眼的人；他在晉升到納粹高層前，只是一個推銷員。的確，在審判時，他看起來就是一個很平凡、甚至有點呆版的人，比較像是一個勤懇的記帳員，而不是一個殺人惡魔。然而，在規劃那個最邪惡、範圍最深廣、歷史僅見的種族滅絕行動裡，他卻扮演著關鍵性角色。政治理論

家漢娜‧阿倫特在報導該審判過程時，創造了一個聞名於世的詞——「邪惡之平庸」，來描述那種恐怖的「形」與「質」之析離[8]。由於艾希曼的罪行細節不斷浮現，米爾葛蘭姆的研究也透露了特別險惡的弦外之音。

在第二次世界大戰令人痛苦的餘波中，被砲彈嚇壞的這個世界問了自己許多問題，其中最迫切的一個就是：納粹的邪惡是獨一無二的嗎？如果是，那麼雖然這個世界絕不會忘記或原諒大屠殺的殘暴，但至少我們可以說服自己，人類絕對不會再重蹈那個悲慘的覆轍。但是，假如納粹只不過都是平凡的人類——一般的、不知怎麼地就同意去犯下殘暴罪行的「平庸的」人類——那又如何？如果是這樣的話，那就表示我們所有人的身上都隱伏著同樣致命的潛力，而且很有可能在特殊的或甚至平凡的情況下，同樣地就被喚醒。在耶路撒冷的審判台上，艾希曼似乎在暗示，後者的可能性比較大。艾希曼顯然未受到愧疚的困擾，他用他那句惡名昭彰的宣言——他聲稱他只是服從命令而已——拒絕為自己的行為負起任何責任。而米爾葛蘭姆想要探索的正是這種恐怖的宣言。他能夠僅靠著打開開關的命令，就說服一般美國人去殺害某個人嗎？似乎能。在那個實驗裡，至少三分之二的人被說服了。米爾葛蘭姆的實驗像一面鏡子，反映出了人類陰暗的天性，而這個世界也因之而膽寒。

根據柯柏格的架構，米爾葛蘭姆的參與者都是因為對「服從與懲罰」有過多的憂慮而受其驅使。換言之，他們的

所作所為就是**服從的僕人**會做的。他們會那麼做只是因為某個權威人物告訴他們要那麼做，而且他們害怕不服從權威人物後可能招致的惡果。他們大多數人一定都知道自己所做的事情是錯誤的，因此他們雖然也會發出反對的聲音，但在大部分的情況下終究只是一些空洞的抗議而已。誠然，我們可以假設那些「老師」對於出現在本章裡的其他象徵人物都很熟悉，而且那些人物也全部都在他們的內心大聲地抗議著。例如，**遵守法律的老實人**便可能會因為以電擊處死學生是犯法的行為而發出抗議，而**有原則的理想主義者**則可能會基於人命可貴這個論點為犯錯的學生辯護。然而，由於研究者的強烈要求，大多數的「老師」仍然繼續像**服從的僕人**般表現。他們對懲罰的畏懼讓他們以全然殘暴的方式行動。

我們可能都曾因為這種服從而做了讓自己後來深感懊悔的事情。也許你的老闆逼迫你去做一些你覺得不道德的事，但你卻仍然做了，因為你擔心如果不服從他的指令的話，你會被訓斥或甚至被辭退。舉個例子，我曾經在一家外燴公司工作，當時我很痛恨他們將未用完的食材丟掉、而不是將之送給附近慈善機構的政策。然而，我因為害怕失去工作，只能按照上級的指示，把食物丟到垃圾桶裡，而我對自己的緘默一直感到很愧疚。

假如你對這種愧疚感很熟悉，我想要在此提供兩則忠告。第一，請試著給你自己一點慈悲，因為落入那樣的困境並不是你自找的。要對擁有權力的人說「不」，畢竟不是一

件容易的事，尤其如果他們有能力對你行使可怕的懲罰的話。沒錯，根據你被權威人士逼迫的程度（對方當然也該承擔其中一些罪責），你的愧疚感在某些方面而言或許還能減低──視罪行的嚴重性而定。如同我們在前一章討論過的，為自己保留一點慈悲、切勿耽溺於我們不該有的自責，是很重要的事。我的第二則忠告是：假如經過反省後，你覺得自己似乎罪有應得，那麼你應該從自己的愧疚感獲得學習，以避免在未來犯下同樣的錯誤。讓我們回頭再看一下米爾葛蘭姆的實驗。雖然實驗的結果公佈後震驚全世界，但該實驗另一個較不為人知的層面，卻也多少帶給世人一點安慰。我們或許會假設，那整個實驗過程對那些「老師們」而言，實在很羞辱：他們因為自己如此容易地就被迫做錯事，而在內心裡留下一股痛苦的愧疚感。的確，據報告所有的參與者都覺得那是一個令人不安的經驗。不過，也有84％的參與者說他們「很高興」有機會參加那個實驗，只有1％的參與者後悔自己的參與。

　　雖然那個經驗讓人覺得羞愧，但參與者們都很感激能夠透過那樣的實驗而瞭解自己：他們不僅瞭解自己身為人的弱點，也瞭解忠於自己的道德信念、且不受權威逼迫而妥協之重要性。而這就是這種人與艾希曼那種惡魔根本上的不同處：前者能夠感受愧疚的存在，並因此獲得救贖的動力。因為那種愧疚感能夠改變生命。例如，在實驗結束後多年，其中一名參與者在越戰高峰期間寫信給米爾葛蘭姆，向他致謝。他解釋說，他因實驗當日之所為而感到的愧疚，讓他從

那時起一直都能夠勇敢地遵循自己的原則。他現在是一個有良知的拒絕服役者；他對戰爭抱持一個堅定的反對立場，並為此隨時準備去坐牢。

所以，我們對這類因受自己**服從的僕人**驅使而導致的狀況所做的反省與愧疚，能夠讓我們在未來不再犯同樣的錯誤。而同樣的過程也可以運用到我們內在的**珠寶賊**。

珠寶賊

想像你自己是一個無恥的珠寶賊，因為許多不法的獲利而過著豪奢的生活。然而，有一天，你的幸運之神離開了。一座豪宅的主人在花園裡看到你及和你一起作案的同夥，並發現他放在衣櫃上那隻價值連城的懷錶不見了。他立即報警，而警察也很快地趕過來，將你和你的同夥抓進了當地警局。你和你的同夥很明顯犯了侵入罪，因為警察就是在豪宅主人的花園裡將你們逮捕的。這個罪會讓你最多坐牢一年，但要證明你或你的同夥偷了懷錶——該罪行將讓你在牢裡多待五年——卻麻煩的多；因為當你們倆人被逮捕時，警方在你或你的同夥的身上都未找到懷錶。因此之故，只有當你或你的同夥背叛彼此，並將竊盜罪歸咎於對方時，檢調小組才能夠完成有罪判決。

在審訊期間，警方給你提供了四種方案：

・方案一：你告發你的同夥，而他甚麼也沒說。他會被判五年徒刑，而你會無罪釋放（為了回報你的合作，你的侵入罪亦會被撤銷）。

・方案二：你甚麼也沒說，但你的同夥將竊盜罪歸咎於你。你會在牢裡度過六十個漫漫長月，而你的同夥則是那個無罪釋放的人。

・方案三：你們倆人甚麼都沒說。警方對你們提起侵入控訴，你們倆人也都獲判最高的一年徒刑。

・方案四：由於彼此不信任，你們倆人都給對方潑了髒水。結果，你們倆人都獲判折衷的三年徒刑。

你會怎麼做？

梅里爾・佛洛德和馬爾文・德雷希爾在1950年時憑空想像出這個場景的抽象版——後來艾伯特・塔克幫他們創造了戲劇性的監獄設置——從那時起，這個場景便成為了應用數學裡一個被稱之為**競賽理論**（Game Theory）的經典思想實驗[9]。基本而言，競賽理論的主旨就是：塑造並理解不同理性主體之間的衝突及合作模式。於是，這個所謂「囚徒困境」（the prisoner's dilemma）的深層邏輯，便一直在現代的世界裡被應用在最致命、且看起來最棘手的問題上。我們都知道

全球一氧化碳排放量需要被控制，以便減緩嚴峻的氣候改變，但是為何每個國家仍然繼續在使用化石燃料呢？為甚麼許多國家在他們希望永遠都派不上用場的核武上花費大筆的預算？這兩個問題的答案就是：那些單方面有此行動的國家都願意比對手獲取較先進國家的工業產出及額外的軍事利益。所有的人都知道，如果每個國家都廢除核子武器並減少碳排放的話，那麼全世界都能夠獲益；然而，持續的相互不信任意味著那些國家會繼續增加其核武的儲備，並容許自己的工廠繼續排放汙染。他們就是受到自己內在**珠寶賊**的引導，只關心短暫且自私自利的收穫，而不管結局如何。

當然，我們都需要先照顧自己的需要。然而，矛盾的是，自私的行為通常並不對我們最有利。例如，在囚徒的困境裡，你知道如果你和你的同夥都保持緘默並拒絕告發對方的話，那麼你們各自都只會在牢裡待一年。但那樣做卻要冒著你的同夥可能告發你然後他自己獲得無罪釋放而你卻必須服刑五年的風險。於是，你打安全牌告發你的同夥，而他對你也做同樣的事，結果你們倆人都必須在牢裡多待兩年。在討論國家大事時，從碳排放到軍備競賽，許多政府也都採取了同樣的推理。

自私也會對家庭造成可怕的影響。例如，一個健全溫馨的兩性關係當然需要互利的犧牲：你延後自己渴望已久的假期以便和你的伴侶一起到他（她）夢想的目的地；他（她）為了幫助你的事業辭掉工作，然後你們一起搬到一個新的城

市去；你做早餐以便你的伴侶可以賴床，而他（她）清洗碗碟好讓你可以在餐後休息放鬆等等。成功的兩性關係就是靠這種瑣碎、複雜、但和諧的「施與受」塑造起來的。然而有時，自私的心態會介入。你懷疑自己做那麼多令人厭煩的家務事根本沒有人注意或感激，於是你就打馬虎眼甚至懶得做。這樣的態度會引發怨恨，於是你的伴侶便不願意給你做你愛吃的晚餐作為回應。你內心覺得不滿，於是出門去找自己的朋友喝酒聊天等。諸如此類之惡性循環。

　　曾經屈服於自利行為的人，應該都很熟悉這樣的模式——老實說，這是很多人的共同經驗。在那種情況下，雙方都承受其苦；畢竟當良好的合作關係存在時，人生會比較光明。所幸，愧疚在此可以幫我們扮演一個救贖性的角色。假如我們能隨時反省自己過去的自私行為，那麼我們在未來就可能比較願意合作，而結果就是大家都贏的局面。從這個角度來看，提姆西・凱特拉爾和區永東對「囚徒困境」的探索就顯得特別有趣[10]。他們的實驗發現，當參與者被要求反省最近某個令自己羞愧的行為時，其合作的意願比沒有做過類似反省的人高很多。為了彌補自己的愧疚，有做反省的那一組參與者會傾向於避免我們所經常選擇的自私之路，並選擇較崇高的合作之路。

　　因此，我們對自己曾經因聽從內心的**珠寶賊**而感到愧疚，這其實對我們的成長是有益處的。它會讓我們變成更忠誠的朋友、更體貼的伴侶、更好的人。研究顯示，健康的愧

疚感與不自私且強化關係的行為──從願意道歉，學會教訓，到變得更美好等──有密切的關聯[11]。以自我憐憫的方式反省我們自己曾做過的自私自利的行為，能夠幫助我們在未來避免同樣的錯誤。然而，有的時候，我們也可能為了討好他人而行為失當。

討好者

你工作的地方氣氛很活潑，每天都很開心。所有的同事都相處得很好，你和他們之間已經發展出充滿默契的關係，並因此為公司創造極大的工作效益。茶水間裡的閒聊總是很溫馨有趣，你也收到許多晚餐派對及其他你很樂意接受的社交活動之邀約。從很多方面而言，這就是你的理想工作。但後來，有一件事開始讓你覺得很困擾：你發現你的同事中似乎沒有任何人關心環境。夏季時，空調總是開到最強。晚上下班時，電燈和電腦也不關。一疊又一疊印壞或沒印壞的紙張直接就被丟進已經滿出來的垃圾桶裡，而旁邊連回收分類的任何指示都沒有。你並不是一名激進的環境鬥士，但這種程度的漠不關心真的開始困擾你。於是你以開玩笑的方式試著向一兩名同事提及你的憂慮。他們聽了只是呵呵一笑，但仍然繼續那樣的行為。你有點惱怒，於是給大家施了一點壓力。這次，你的其中一個同事嘆息道：「唉，你在這家公司不用擔心那個問題」，並隱隱地暗示你：「別再說了。」

接下來你會怎麼做？繼續提起這個話題，或把它忘了？畢竟，並沒有犯罪事件發生，不過是另一些在現今社會很普遍的隨意、疏忽、和漠不關心罷了。不要搗亂當然是比較容易的事。畢竟，沒有人喜歡盛宴上的幽靈，老是提醒眾人一些討厭的事，破壞大家美好的一天。

但這正是許多罪行發生的原因——不是因為我們害怕懲罰或只是想要自私地追求個人利益，而只是因為我們懶得「小題大作」。這就是討好者的推理方式：我們盡自己所能地融入團體，因為我們想要當一個獲得讚賞的「好孩子」。大多數人都很熟悉以上所描述的那種動力：與眾人格格不入，比起因其所衍生的麻煩來，似乎不值得。的確，我們可能都曾受到取悅他人的某種渴望之驅使，進而促成了惡行之發生——不管是主動（參與了某種我們明知是錯誤的事）或被動（選擇對那樣的錯誤保持緘默）。假如你對這種事情懷有愧疚感，請切莫對自己太嚴苛了。想要被接受並成為團體中的一份子，是很多人都有的強烈渴望。事實上，那種渴望是所有激勵力量中最強烈的一種。誠然，如果你不想要融入團體、討好別人、或覺得被接受，那你豈不是要變成一個反社會的暴君？因此，那樣的行為是可以理解且完全正常的。再者，你因為隨波逐流而感受到的愧疚或許也與事實並不成比例。

然而，我們確實需要小心「討好人」這件事，因為它可能會以非常具破壞性的方式變得扭曲。羅利‧莫德及其研究團隊指出，受雇者被捲入「職場圍攻」——基本上，就是霸凌——

這種令人困擾的現象，是有多麼容易的事[12]。例如，某個年輕的新進員工越來越成為上司羞辱下屬時的靶子；他的同事們一開始可能會集體替他說話（畢竟，多數人心中都有一把道德的尺），但最終個人的自我利益通常會勝出。那個受到霸凌的員工的同事們，都想要讓上司覺得自己是不會製造麻煩的「好員工」——即使他們應該製造那個麻煩——以便獲得上司對自己的偏愛。於是，逐漸的，他們不再聲援那名受害者。冷漠贏得了勝利：縱使我們沒有主動作惡，我們卻對歧視保持了緘默。有時，我們甚至會更進一步，進入團體的核心，加入霸凌。

我小時候曾發生過一件告發別人最後卻自己丟臉的事，到現在每每想起來我仍然覺得很羞愧。當時八歲的我，在倫敦西區的一所小學就讀。那天我在九點打上課鐘前從我家後街匆匆忙忙趕到學校。當我盤腿坐到地板上，跟我的那群死黨窩在一起時，忽然之間，我們聞到了一股毒氣般的臭味，在空氣中飄盪著。震驚很快就被大家裝模作樣的噁心狀所取代，然後，在一陣殘忍的笑鬧聲中，我們將火力集中在一個最可能的罪魁禍首身上——一個經常被大夥兒嘲弄的男孩。我因為被心裡的一股不屑所激勵，當下便隨著大家起鬨嘲笑他。但這時，我身旁的一個男孩垂下眼睛看著我腳上那雙髒污的鞋。嚇！其中一隻的腳跟上竟然黏著一大塊狗屎！**我**，才是那個罪魁禍首。眾人的嘲笑瞬間轉落到我頭上，我的臉也因為尷尬而漲得通紅。到現在我仍然鮮明地記得自己所受到的羞辱，以及隨之而來在內心升起的因為與眾人一起嘲笑

那位無辜的同學的愧疚感。

　　然而，我事後卻瞭解，那個羞辱對我而言多麼具有價值。由於我自己對一個無辜之人的嘲弄，同學們對我忽然發出的訕笑反而啟發了我。不用說，他們的嘲笑聲在當下讓我很難受，但它卻也挫敗了我無謂的威風。而那樣的效果是公正且有利於我的。我不敢厚顏說，從那時起我從未再參與過任何從眾的失當行為；但那個兒時的教訓是如此之大，以致我總是會努力地約束自己不要做一個幸災樂禍的人。（當然有時我仍然做不到，尤其當我們的足球隊打敗對手時！）但一般來說，我若只是為了獲得團體的認同而可能背叛自己時，我會很努力地保持對那個可能性的察覺。在兒時那個羞辱事件裡，我領悟到自己是一個很容易受到內在**討好者**驅使、並會因之而做出糟糕的行為的人。對我而言，這個覺知是無價的。受到大家歡迎是一件很棒的事，但如果我們只是為了獲取團體的認同而加入了一個失當的行為（或對它保持緘默），那麼我們不僅貶低了自己，也放棄了自己身為道德主體的責任。

　　相對而言，為了維護原則挺身而出，對所有個人來說都是一件有利且有意義的事。當我們願意接受自己內在**遵守法律的老實人**的引導時，這種具有良知的行為就會開始出現了。

遵守法律的老實人

你在一家餐廳裡跟一群朋友聚餐，吃完最後一道你心愛的甜點檸檬酥皮派後，你心情很愉快。當你考慮著是否要來一杯睡前酒時，你看到鄰桌的一對情侶正在算著他們要打賞給服務生的小費。他們掏著口袋，放了幾個銅板在桌子上後，便離開了。不久，跟你們一起用餐的其中一人——不是親密的朋友，只是一個點頭之交——站了起來，準備去洗手間。他走過那張空了的桌子時，狀似隨意地順走了桌上的一個銅板。你若剛好眨了眼，可能就不會看到那一幕了，就跟其他人一樣。你是唯一注意到那個若無其事的小偷的人。你很吃驚，但你會怎麼做？你跟那個傢伙並不熟，而他觸犯了法律，可他偷的只不過是一鎊而已，誰在乎呢？你若是小題大做地把事情鬧開了、然後破壞大夥兒開心的一晚，值得嗎？

讓我們改變一下數字。假如那不是一鎊，而是一張二十鎊的鈔票，那你會怎麼辦？或者，假如那對情侶留在桌上的是一個皮夾，而那個小偷把它順手牽羊了，你又會怎麼辦？當然，那種程度的偷竊行為不是我們應該視而不見的。你覺得你會挺身而出面對那個傢伙，或至少提醒餐廳的工作人員。但是，假如那個小偷不是你的一個點頭之交，而是你最好的朋友，那你怎麼辦？這時，你會怎麼做？

在探索所謂「吹哨人的困境」（whistle-blower's dilemma）時，亞當‧懷茲及其研究團隊便將這些情境呈給參與研究的

志願者[13]。「吹哨人的困境」這個詞,指得是兩種對抗性的道德品格——忠誠和正義——之間的衝突。從某方面而言,大部分的人當然都會認為忠誠是一種美德。然而,假如我們奉獻忠誠的對象卻從事了明顯不法的勾當,那我們就會陷入一個困境。在那種情況下,我們內在那看起來幾乎根深蒂固的天生的正義感,就會妥協[14]。我們的第一個本能可能會傾向於忠誠;但是,懷茲及其團隊卻發現,對多數人而言,那一架忠誠之梯最後會傾倒——道德的算計會發生變化,而我們對正義的關注也會開始取得優先權。由於每個人對忠誠與正義之間的相對重要性有不同的觀點,傾倒點的所在也會隨著不同的人而發生差異。其他元素也會造成影響,包括罪行的嚴重性以及我們與犯罪者之間的親密度。後者這個元素可能會讓舉報變得特別困難,因為不管我們決定**怎麼做**,其結果都會在我們內心引發一股強烈的愧疚感。

　　舉個例子。假設你的某個同事做了一件不道德的事,而你碰巧是唯一知道其罪行的人。如果你舉報他,結果就是你可能會因為覺得自己背叛信任、破壞友誼、毀了對方的事業,而心生愧疚。同然,如果那個罪行較有組織,也就是牽涉了許多人,那麼你可能也會因為拒絕為那一群人護航而被控對朋友不忠。從另一方面來說,假如你甚麼也沒做並容許那些朋友破壞法律,你同樣也可能會覺得很羞愧。畢竟,我們的法律制度和社會秩序就是文明的結構基礎,是支撐整個文明大廈於不倒的擎天柱。

　　如同本章所討論的其他形式的愧疚感，你的首要任務就是要對自己有慈悲心。畢竟，又不是你的錯；不管你是否自我憐憫，你反正都會受責難。這類的道德困境很艱難，而且讓他人在你身上加諸這個負擔，本來對你就不公平。不論你決定怎麼做，你都應該瞭解，你只不過是想要做對的事情罷了。之後，如果你決定舉報，那麼你也許可以從其他曾經為法規挺身而出的人身上獲得安慰和啟發。這條路很不容易。有勇氣選定立場之人通常都會被公開羞辱及懲罰，至少剛開始的時候。但這些有尊嚴的、內心堅定的個人，最後往往會被證明是正確的。真相一定會大白。以下就是金恩・瑪麗亞・阿里果的例子。

　　在2001年九月十一日後的許多黑暗的日子裡，整個社會好像瓦解了，彷彿落入了一種集體的精神崩潰中。受到憤怒、絕望、和悲傷混合出的危險之激勵，正派人士開始思考「做壞事」，例如，為了預防未來的暴行，拷問恐怖份子嫌疑犯以取得有用訊息。我不是要在此做任何批判。我無法想像那些負責我們國家安全的人，其肩膀上所承載的是怎樣的重擔。但在過去兩個世紀以來，大部分的國家都已經認同，嚴刑拷打是**絕對**錯誤的行為——更別說它通常沒有效果，因為大部分的人為了終止痛苦甚麼都會承認——因此也都立法禁止它。

　　這個充滿絕望和混亂的新時代影響了人類所有的生活層面，包括心理學的領域。金恩・瑪麗亞・阿里果將自己輝煌

的一生都奉獻給了道德研究。在2005年時，她接受指派加入
了一個倫理專案小組，負責監控安全審問時心理學家們的參
與情形。阿里果的調查讓她懷疑，其中有一些心理學家，儘
管貌似嚴格遵守禁止任何涉及拷問的道德準則，但事實上卻
共謀虐待恐怖份子嫌疑犯。於是，她開始舉報這件事，一開
始只在小組內部，後來則在較公開的場合。她的日子變得很
艱難。同事中有些並不相信她，並指控她製造沒必要的麻
煩。有人甚至試圖讓她閉嘴或將她驅逐。但阿里果很堅定，
也很確信她所看到的事實。終於，在2015年時，出現了一些
證據：某個權威性的報告確認了她的懷疑，並下結論說有幾
個心理學家的確參與了拷問的酷刑[15]。自從那份報告問世
後，心理學的領域啟動了一個重要的反思、療癒、及回歸正
途的過程。誠然，為了向阿里果在這個過程所扮演的關鍵角
色致敬，人們對她的表揚和感謝隨著確證她的清白而來：在
2016年時，菁英雲集的《美國科學促進學會》將其聲望最高
的「科學自由與責任獎」頒贈給了阿里果[16]。

　　阿里果充滿勇氣的努力提醒了她的同業們遵守規定的重
要性──不管是法律上的或倫理上的。對於規定，即便是最
謹慎的團體也可能偶爾會忽略了。然而，有時候，法規本身
就是有瑕疵的，而這就會帶領我們進入**社會改革者**的範疇。

社會改革者

在本章裡,我們已經探討了哪些事務會激勵我們的行為,以及因之而衍生的各種愧疚形式。我們可能會因為害怕懲罰(當我們遵從自己內在**服從的僕人**的引導時)、因為自私(**珠寶賊**)、或因為尋求他人的認同(**討好者**),而做出錯誤的行為。即使我們選擇維護法律,我們也可能覺得愧疚,如果維護法律意味著傷害做錯事的朋友或同事的話(**遵守法律的老實人**)。此外,我們也知道,並不是所有形式的愧疚都是「相等的」——有些比其他「好」。遵從**討好者**或**遵守法律的老實人**往往會屈服個人及客觀的利益,而遵循**服從的僕人**與**珠寶賊**的引導則通常是造成傷害的。然而,「較崇高」的那兩種動機形式也有其問題,例如,討好別人最後可能會與霸凌共謀。而即使有良知的遵守法規,問題也可能發生,如果那些法規本身就不完美或不道德的話。

在2015年九月二十二日那天,英國《獨立報》狠狠打了全世界一個耳光。它前所未有地用怵目驚心的細節在頭版刊登了一篇專題報導:一具被沖上海岸的男孩屍體。在那之前連續幾個月,甚至許多年,歐洲人民一直都在低聲談論著在地中海沿岸所展開的「移民危機」。「敘利亞」、「船民」、和「希臘」等字眼可能會在社交的寒暄中被當作話題提及,但那個問題究竟不在多數人日常工作事項的清單上。這並非在指控西方人冷酷無情——我們大多數人還是很關心

他人的——但我們國家有自己的仗要打，其中許多還與人民福祉切身相關，所以中東的問題就只是從我們身邊擦身而過罷了。但那篇頭版報導真的震醒了世人。我們忽然被迫承認，數以萬計走投無路的難民——一個現代版的出埃及記——正在逃離大屠殺及大規模的暴行，渴望在歐洲找尋一個安全的庇護所。難民的數量令人震驚，但真正刺入歐洲人民良知、讓整個歐洲肅然而坐並傾聽的，卻是那個三歲男孩艾朗・阿爾克迪的照片——他與家人逃難時所搭乘的小船在土耳其外海翻覆，而他淹死了。

就在上個月，大衛・卡麥隆用了一個相當沒人性且引發爭議的詞句，在議會提出警告；他說，如「蟲蟻般蜂擁而至」的難民正在移入英國。歐洲其他各國的領袖也發出同樣危言聳聽、充滿敵意的論調。由於國際間對禁止難民進入自己的國家已有了協議，因此，**遵守法律的老實人**可能會如此推理：既然大多數的難民沒有遵守規則，他們就不應該被容許進入歐洲。但之後，全歐洲的人民似乎都在忽然之間瞭解到，歐洲各國的法律在處理這件蔓延的慘劇上，根本就不適當。各國都需要重新省思現存的法律和習俗：它們都必須被重新起草、改寫。許多國家的人民中也出現了集體轉變，彰顯了他們內在**社會改革者**的品質。其中一部分是受到實用主義的促使：傳統的老規則顯然沒有用。當那些立法者在多年前所制定的數字與目前難民的數目不成比例時，他們又怎麼能維持嚴格的配額呢？但更重要的是，歐洲人在體認到那些

法律**根本是錯誤的**時，其內心所澎湃的集體愧疚感。許多人都領悟到，他們內在那個**遵守法律的老實人**——督促他們隨時遵守法律的那個角色——在當前的狀況下，已經不充分、也不適當了。在這個案例中，人們並不介意打破成規。事實上，他們所感受到的愧疚都與那些成規本身有關。即便當歐洲國家本身都在跟自己沉重的負擔奮戰時，那些在他們心中縈繞不去、令人心碎的成千上萬個走投無路的難民的形像，仍然在歐洲人民中激發出了令人震撼的憐憫和慷慨。一個脆弱的共識開始在歐洲人的良知中浮現：我們必須提供更多的協助。當然，那並非全體一致的共識——這種事從未有過——但我們可以公正地說，大部分的人選擇了遵從他們內在的**社會改革者**，而非**遵守法律的老實人**的引導。

　　想像一下那些在慕尼黑火車站鼓掌歡迎難民到來的德國百姓。回想一下蘇格蘭首席部長妮可拉・史特金提供自己家裡的一個房間給某個移民暫居。或想想羅勃・羅瑞所曾做出的了不起的奉獻。這位退休軍人丟開手上一切，租了一輛貨車，然後開始給數千個受困在被稱之為「加萊叢林」的難民營裡的難民們運送物資。讓我們想起羅瑞的還有另外一件事。他讓我們看到法律的改變速度有多慢。在這個案例中，由於政客們試圖減低自己國家的個別義務，對自己國家的利益爭執不休，以至於緊迫的慈善共識在付諸行動上腳步遲緩，而難民們也繼續受苦。於是，像羅瑞這樣的人便開始試圖提供幫助，而且常常是自掏腰包。在加萊營裡，某個來自

阿富汗的男子懇求他將自己四歲的女兒偷渡到住在里茲的親戚家去。羅瑞自己有四名小孩;受到身為人父本能的感動,他勉強同意了。然而,他卻在邊界被發現,並遭到逮捕,且最終面臨了五年徒刑的可能判決(後來因為一位法國法官的同情,羅瑞被判最高一千歐元的暫緩罰鍰)。

羅瑞的例子告訴我們,有時我們會被迫做出超越**社會改革者**的道德推理的事來。在那種時刻,我們就是受到了自己內在**有原則的理想主義者**的引導。

有原則的理想主義者

馬丁・路得・金恩博士,對最高層次的道德之追求,曾有如下的描述:「對無法執行之事務的服從」。而我們在羅勃・羅瑞這種人身上所目睹的無私、英勇的行為,就是這種服從的結果。他並不是因為有人給他指令,且若不聽從那指令的話就可能會受到懲罰,而去援助「加萊叢林」的難民或企圖拯救那名阿富汗女孩。他也不是因為自私的追求,為了個人的收穫才那麼做。(他大概有感到一絲驕傲和滿足,但那想必只是利他行為的副產物,而不是他伸出援手的原因。)他也不是為了融入某團體而試圖討好別人。(想要贏得社會的讚揚,有更簡單、更安全的方法。)他也不是因為國家的法律如此規定才那麼做(幫那女孩偷渡恰好是違反法律的行為)。他的行動也甚至不是歐洲共識下的特點。對難

民表達關注並在他們抵達你的城市時表示歡迎是一回事，但重新調整你的生活以便協助他們、盡全力來促成那件事、並甘願為某個你剛認識的人冒著失去個人自由的風險，卻是另外一回事。任何以這種方式行動的人，都是在遵循著一個更深層的使命感，在信守一個更崇高的「無法執行的」法律。

這樣的使命感有時是來自宗教情操，也就是受到某個道德典範的啟發，如基督或佛陀的救贖行為。在其他情況下，它則只是受到一種人性光輝及憐憫心的引導，如羅勃‧羅瑞的例子。但這類行為都可概括地歸納出一個事實：那就是，他們都是真正**無私**之人。平時對自身的關注都被丟到一邊了，並被一種高貴的、對他人福祉的關心所取代。這是愧疚感最崇高的形式。達到這種道德巔峰的人，他們之所以感到愧疚並不是因為他們曾對別人做過壞事，或是因為他們無法把事情做好。相反的，他們是被一種「不管過去做得多好，他們其實可以做得更好」的覺知所驅使。再者，即使他們瞭解自己已經竭盡所能——因此毋須再受到任何個人的愧疚感折磨——他們仍然會代表其他人類繼續覺得愧疚。他們為這個世界的人們正在受苦這個事實感到難過——即便那不是任何人的錯——並憑著一股對他人的愛與關注，盡己所能地想要去幫忙。

許多深具啟發性的人物做出了遠超自己所需、或他人所求的奉獻；而人類歷史的黑暗面也因為他們的付出而被照亮了。他們證明了人類的天性中擁有難以置信的慷慨特質，其

中有些例子世人很熟知，例如艾伯特‧史懷哲。這位知名的
醫師兼神學家，終其一生都在他於非洲中部雨林裡所創辦的
醫院裡照顧病人。其他的如艾維拉‧瓦倫汀‧馬丁修女；她
的名聲雖遠不如前者，但其貢獻同樣了不起。艾維拉修女是
西班牙人，她在中年時因為內心的一股召喚前往了台灣，並
在一家療養院服務。她在台灣總共待了四十年，無私地照顧
著醫院裡別人不願照顧的重症病人。在2005年時，八十二歲
的她獲得了台灣政府頒贈給她的傑出醫療奉獻獎。當被問及
她是否覺得照顧病人很辛苦時，她回答道：「一點都不。因
為我愛他們。」她的回答非常鼓舞人心。從外表看來，將自
己的一生奉獻在照顧他人上，似乎是一種令人難以忍受的懲
罰。我們都知道，即使只是做家務事，都可能讓人覺得煩不
勝煩。所以，艾維拉修女對他人的奉獻，是否意味著她不得
不犧牲自己的快樂？但事實似乎不然。的確，古老的智慧及
現代的科學都指出，慈悲，尤其是對他人的照顧，能夠給人
帶來一種個人的滿足感。

　　想要理解這個貌似矛盾的現象，其關鍵就藏在「自我」
這個觀念裡。現在的世道總是宣揚：自我感覺的強化是通向
快樂之境的最佳途徑。然而，全世界最偉大的宗教——從東
方的佛教到西方的基督教——卻都在教誨人們：自我專注只
會將我們帶往一條完全背道而馳的路。事實上，他們都將
「自我感」——以及想要保護它或酬報它的渴望——視做人
類痛苦的淵藪。我們將自己的一生都用在防衛這個脆弱的堡

壘上，貪婪地想要抓住任何能夠鞏固它的東西，並激烈地攻擊任何會給予威脅的事物。但是，幾乎每一個宗教傳統都指出，如果我們能夠放棄這個狂亂的自我利益，我們才比較有可能獲得快樂——甚至超凡的解脫。而培養對他人的慈悲，正是達致該境界最有力的方式之一。

科學研究也正逐漸在開始確證這些古老的洞見。倒不是偉大的宗教需要科學的證明：**每個宗教傳統裡自有其許多曾經體驗過無私之救贖力量的虔誠追隨者**。然而，話說回來，對宗教抱持懷疑論調的人，當然也都樂意看到科學證明也指出了同樣的方向。例如，不少實驗發現，慈悲與一系列有益健康的身心效能有關——從改善身體對壓力的反應[17]，到促進大腦裡負責啟動正向感知區域的活動力等[18]。此外，慈悲是可以**練習**的。例如，慈悲冥想所帶來的好處就曾引起許多研究人員的實驗興趣：練習者透過慈悲冥想的確可以啟動憐憫的感覺。芭芭拉・佛雷德列克森就曾經將這個技巧傳授給某軟體公司的員工。她發現，在經過僅僅八周的冥想練習後，參與者的正向情感程度都有顯著的提升。此外，這個練習也在參與者生活中的其他層面造成了一個轉換性的效果，例如改善個人的兩性關係等[19]。

那些回應內心之召喚，並慈悲地將自己一生奉獻給照顧他人的勵志人物都在啟發我們：這條道路有多麼具有救贖力。但我們不需要成為史懷哲或艾維拉修女，才能走上這條路。通往快樂之路，對所有的人都是開放的。

在這一章裡，我們瞭解我們能夠駕馭愧疚感——用謹慎且自我憐憫的方式——以便成為更好的人。如果我們開始遵從自己內在的**討好者**或**遵守法律的老實人**，而非那個**服從的僕人**或**珠寶賊**，那麼我們就是在進步了。但有時候，我們可能受到使命感的召喚，設定了更崇高的目標。在這種狀況下，我們就要努力聽從自己內在的**社會改革者**或**有原則的理想主義者**的忠告。重點是，努力向上提升不僅能夠促進我們在他人眼中的聲望，更能強化我們個人的幸福。

在下一章裡，我們將看見另一個相同的自我提升的軌道。我們將學習如何駕馭對他人的嫉妒羨慕，以便成長並獲得一個充實的人生。

第五章

羨慕

　　某個天色灰暗的星期一早晨，你才剛抵達辦公室，卻發現你的一個傲慢且野心勃勃的同事剛剛越過你獲得了升遷。憤怒與怨恨在你胸中沸騰，不久沉澱成了羨慕：你想要他剛剛所獲得的。懷著委屈，你用力捶著你老闆的桌子，要求他給你一個說法。你的老闆耐心地跟你解釋說，你的對手最近參加了一個密集訓練課程，而他在那課程中所學到的技巧正是他的新職位亟需的。你對此並不知情，你自己也缺乏那些重要的技巧。為了鼓勵你，你的老闆建議說，你也可以去上同樣的課程——雖然他也暗示那個訓練課程很辛苦，而且要花很多時間——如此一來，你就會擁有獲得同樣升遷的資格了。你考慮著他的建議，但忽然有個惡劣的念頭閃過你腦海。幾個月前，那個同事曾向你坦承他犯過一個嚴重的錯誤；假如那件事情爆發了，不要說他的升遷無望，他甚至可能遭到解雇。這時，你會怎麼做？努力學習以便將自己提升到那位同事的新程度，或使用下流手段將他拉下馬？

當賈爾斯・霍羅及其研究團隊將這個場景呈給實驗的參與者時，只有少數人說他們會遵從後面那個選擇[1]。這樣的結果令人鼓舞，但我們也許會對它抬起懷疑的眉毛並納悶，在現實的世界裡，大多數的人真的會選擇那條高貴的路嗎？不過，即使我們將許多參與者不盡然誠實——對他們自己或對那些研究者——的可能性列入考慮，我們仍然可以自信地說，至少某些人會利用自己對他人的羨慕讓自己擁有獲取升遷的資格，並會投入所需的努力來獲得那個職位。

在心理學的領域裡，這類研究已經引導人們開始重新評估羨慕的價值。的確，現代社交媒體的力量不但日益壯大，且其手段也令人眼花撩亂；有鑑於此，與社媒世界密不可分的羨慕心態也就成為了一個越來越重要且越來越普遍的題目了。那些不相干的人，他們貌似完美的人生影像日以繼夜地轟炸我們。即使邏輯告訴我們，那些影像都是精選的，它們的影響力仍舊非常龐大。我們本能地反應，羨慕他人所擁有的，也嫉妒那些似乎比我們更有錢、地位更高、享受更多物質，以及擁有更多刺激的體驗、更幸福的愛情、與更多快樂的人。在過去十多年來，大量目睹他人精采的生活使得一般人的羨慕心態——作為一種社會關注——已經戲劇化地激升。然而同時，專家卻提出建言說，羨慕的形式並非只有一種，而有兩種——惡意的與不服輸的——而這兩者很不一樣[2]。

惡意的羨慕，正如該字眼所暗示的，通常是充滿敵意且具腐蝕性的。它是對別人的成功的怨恨，隱晦地表現在想要

拖垮他人的欲望裡。對比之下，不服輸的羨慕則比較近似賞識；它包含了對他人之成就的尊敬，以及意欲提升自己的渴望與熱切。這種正面的羨慕，若能睿智地加以運用，其實有助於我們釐清自己的目標和價值，並照亮我們前進的道路、督促我們努力去成就自己。從這個角度來看，所謂道德的、甚至精神層面的羨慕，都是可能存在的。例如，我們景仰尼爾森・曼德拉這種人，並羨慕他們的道德勇氣與力量。而這導致的不僅是我們希望自己也能夠擁有與其類似的信念與堅定，更會企圖追隨他們令人尊敬的腳步。

　　不服輸的羨慕所具有的正面能量主要表現在以下兩方面。第一，我們對於自己所羨慕之人的地位或榮耀，沒有怨恨之心，我們也絕不會因為羨慕而想要貶損或擊落他們。第二，不服輸的羨慕深具啟發性：它激勵我們透過努力來仿效自己心目中的英雄，並藉此將自己提升到跟他們相同的崇高地位。沒錯，羨慕若想擁有正能量，它必須是不服輸的、而非惡意的那種。如同我們在第三章裡所見，如果我們不能謹慎並有技巧地駕馭憤怒，那麼它就可能轉成一種腐蝕性的怨恨，逐漸摧毀我們的靈魂。同樣的，惡意的羨慕也是一種隱伏的毒藥，它會慢慢地消耗掉這個世界所有的繽紛與歡樂。因此，我們絕對不可讓自己的羨慕敗壞成對他人成就的怨恨。這一章我們將解釋如何避免這種深具破壞力且令人墮落的不良情緒。

　　當羨慕在我們內心開始醞釀時，它就好像一把雙刃的刀：它可能會腐敗成惡意的羨慕，也可能往上提升成為不服

輸的羨慕。壞消息是：選擇錯誤的道路十分容易；但好消息是：選擇另一條正確之路的能力完全掌握在我們手中。我們能夠也必須清醒地下定決心，並選擇不服輸而非惡意的那種羨慕。要做到這一點，有兩種主要方式。第一就是：將注意力集中在自己身上，而不是在我們所羨慕之人的身上。切莫一門心思地想著**他們的**運氣有多好；反之，我們要先弄清楚自己該怎麼做才能得到跟他們一樣所擁有的。在這一章裡我們將闡述如何開發這種專注力，並利用不服輸的羨慕，將之轉化成有助我們往目標邁進的動力。

然而，如果其中有些目標根本就是無法達成的，那怎麼辦？例如，我可能很羨慕某個小孩及其未來所將擁有的一切，但不管怎麼努力，我都不可能再回到那個年紀了。同然，無論做多少嘗試，我知道我永遠都不可能賺取跟比爾・蓋茲同樣的財富，或習得跟大衛・貝克漢相同的足球技巧。就是在這樣的狀況中，當人與人之間的差異不可抹除時，我們的羨慕最可能轉化成惡意的那種。但有一個解決之道：在這種情況下，我們可以努力處理羨慕本身，並將之轉移到較容易達成的目標上。而這就是預防羨慕墮入惡意的第二種方法。此外，那些可達成的目標也可能比難以實現的目標更容易叫人滿足，而這個事實對我們來說有極大的助益。只要我們懂得睿智地運用羨慕，那麼所有的一切，從較和諧的兩性關係到個人可信度的培養，就都在我們的能力範圍內；而且，比起多數人所渴盼的巨大以至於難以企及的財富來，它們也更可能為我們帶來回

報。因此，如同前一章所討論的——如何開發愧疚感中的較佳形式，我們也可以藉由將目標設定在更有價值且更值得我們注意的成就上，來努力培養更高層次的羨慕。

更上一層樓

　　亞伯拉罕・馬斯洛的早年生活很艱辛。他的父母親為了躲避俄國對猶太人的迫害，在二十世紀初時便逃離了那個國家。他們定居在擠滿粗魯的勞工階層的布魯克林區，在那裡，馬斯洛經常得躲避著在鄰里間遊蕩的反猶太主義幫派分子的欺負。他曾經努力練習舉重，企圖讓自己看起來壯碩些，但卻發現自己單薄的身軀很難鍛鍊。後來，他在書本中找到了避風港，並對學習產生了深刻且持久的熱情。他從許多鼓舞人心的導師們身上獲得了啟發與引導，並最終在心理學的領域裡做出了革命性的奉獻。在1941年美國加入世界大戰時，馬斯洛剛滿三十二歲，已婚並有兩名小孩。雖然不具備上戰場服役的資格，他仍為那個全球的大災難所製造出來的恐怖景象感到震驚。但他沒有因為人類那個可怕的命運而墮入絕望；相反的，他讓緊急和平的願景領導自己。

　　當人類展露其最黑暗的一面時，這個世界會發生甚麼事呢？戰爭已經為我們揭示了結果。這個世界當然需要瞭解，譬如納粹究竟是如何墮落到那般殘暴惡劣的地步的？如同前一章所述，像史丹力・米爾葛蘭姆這樣的科學研究者們幫世

人找出了問題的答案。但馬斯洛發現,這個問題也可以從另外一個方向來解決。他的出發點是:大多數的人都不是邪惡、暴力、或變態的,反而通常是正派且仁慈的。之後,他甚至將視野設置到更高點,將關注的焦點放在他的導師們身上──開創性的人類學家露絲・班乃迪克及格式塔心理學家馬克思・韋特莫等。這兩位傑出的科學家是馬斯洛最尊敬且仰慕的學者;在他眼中,他們就是愛、和平、與理性的指標。而他想知道,那些人是如何變得這麼優秀傑出的?

這個疑惑讓馬斯洛開始走上了人類潛力的探索之路。無數的科學家都曾試圖找出人類與生俱來的悲劇性缺失,但卻幾乎沒人提及過這個同樣重要的問題,那就是:我們如何才能幫助人類成長,並讓他們達到各自的發展及成就的巔峰。誠如馬斯洛所言,在參考了佛洛伊德對神經官能症的劃時代研究後:「就彷彿佛洛伊德已經給我們的心理提供了生病的那一半,而現在我們必須用健康的另外一半來填滿它。」[3]在進行此項研究時,馬斯洛開創了「人本主義心理學」(humanistic psychology)這個領域,並澈底重塑了我們對人類究竟能變身到甚麼地步的觀念。

在他傑出的研究生涯中,馬斯洛系統化地闡述了許多美麗的觀點,但他最為世人所熟知的則是他的「層次需求理論」(hierarchy of needs)這個概念。該理念多年來一直都是所有心理學領域中最具影響力的一個。馬斯洛宣稱,所有人類都有一組核心需求;而我們若想要擁有健康快樂的人

生，這組需求就必須被滿足。這並不是一個特別新穎的觀念，但馬斯洛的真知灼見在於他發現：這些需求可以用層次結構的方式來安排[4]。例如，其位於最底部的就是我們較低層次的需求：安全，衣食無虞，平安等。這些需求被稱為「較低層次」並不是因為它們比較不重要；相反的，它們之所以位於需求金字塔的底部，正是因為它們是人類最基本的需求——也就是整個人性結構的基礎。這些需求若不能被滿足，那麼要達到較高的層次，即便不是不可能，也會很困難。但是，一旦這些基本需求被滿足了，我們就會被賦予往更高層次提升的動力。而這個過程既叫人振奮，也令人不安。

之所以令人不安，那是因為每當我們覺得自己已經獲得了自己所需要或渴望的一切時，一個更崇高的目標就一定會適時地出現，於是我們只好繼續努力地往上爬。不斷攀登會讓人覺得很疲累，但也會讓我們的生活很刺激。每當我們低層次的需要被滿足時，我們就會被迫為更高層次的目標、更稀有的價值，付出更多的時間、精力、與考量。而這些或許不會比底層次的需求更重要，但如果能將之完成的話，卻肯定會給我們帶來更多的成就感。想想登山的過程。最開始的頭幾步跟登上頂峰的最後一步是同等的重要。但讓我們能夠站在制高點，將美景盡收眼底的，卻是那最後一步。

我們可以利用馬斯洛的理論來幫助我們瞭解羨慕所具有的轉化能力。我們將領悟到，不服輸的羨慕是一種多麼強大的動力，因為它能夠激勵我們往上逐次攀升馬斯洛理論裡的

全部六個層級。第一個層級所涵蓋的就是我們的生理需求——也就是，如果我們想要活命的話，就一定要被滿足的必須品，例如食物、清水、氧氣、溫暖、睡眠等。如果我們缺乏這些必須品中的任何一項，我們當然就會羨慕那些擁有它們的人。在這一章裡，我們將此層級的羨慕擬人化為活命者，而他會督促我們去獲取維持生命的基本所需。一旦我們滿足了這些基本需求，或至少令人滿意地往它們的方向逐步邁進，這時我們就可以將自己的眼光投向下一步：安全。安全涵蓋了我們對平安和穩定的需求。在這一步，羨慕就是我們內在的**房屋建造者**，而他會督促我們在生命裡創造安全與秩序。

當這些基本必須品已經在我們的掌握中，或至少在可企及的範圍時，一個新的需求就會出現在我們眼前，讓我們不得不給予注意。首先，就是愛與歸屬的需要。當然，這兩樣對所有的人而言都很重要，不論我們的生理需求及安全需求是否有被滿足。但重點是，一旦我們低層次的需求被解決了，我們對愛與歸屬的需要就會成為主導——它會變成我們生活中壓倒一切的關注。在這個層級，羨慕可被擬人化為我們內在的**愛的追尋者**，而他會催促我們去尋求與他人的交流與連結。當我們完成這些高貴的目標後，往上攀升的旅程會繼續。我們在歸屬及關愛中所得到的安全感會成為下一個層級——尊重——的平台。這時我們的首要考量就是我們所獲得之成就能受到他人的重視和尊敬。在這裡，羨慕成為了我

們內在的**自我奮鬥者**，而他會催促我們去取得成功。於是，在我們心目中的英雄之鼓舞下，我們會期許自己也能夠獲得更大的與其類似的成就。

當這些閃閃發亮的目標觸手可及時，我們就會希望更進一步，來到自我實現的層級。在這個層級裡，我們主要的關注不再是世俗的成就或他人對我們的成功之讚賞。取而代之的，我們開始想要發掘自己內心深處真正的自我，渴望觸及自己內在最充分的潛能。這時羨慕成為了我們的**開拓者**，而他會帶領我們走向自己真正的命運及人類成就的更高境界。在那之後，那條道路就會通向一個更崇高的領域，進入了神秘的、朦朧的神聖之巔峰。在那裡，我們會遇見自己內在**靈魂塑造者**的「心靈羨慕」，而那種羨慕會鞭策我們邁向自我超越。不過，在登上這些遙遠的巔峰前，我們必須從起點開始，並邁出登峰前的第一個重要步伐。

活命者

很多人都喜歡聽故事，尤其是那些從赤貧到巨富的勵志故事。那樣的故事總是叫人嚮往，是許多勵志名言的出處，也是好萊塢電影早年最喜歡拍攝的題材之一。那種故事吸引我們的通常不是財富本身如何累積，而是其主人翁如何透過勤奮工作、堅強的意志、及應得的一點運氣，成就了其非凡的人生。那類故事總是會從主人翁成功前的一些狀況敘述

起，尤其是他們在人生最低潮的那一段。想想WhatsApp的創辦人兼總裁詹恩‧庫姆的例子。臉書最近才以驚人的天價19億美元將它購併。庫姆成長於烏克蘭的一個貧窮的小村落，十六歲時才與母親和祖母移民到加州。一開始，他們全家賴以為生的只是社會福利及政府發放的食物券。或想想全錄公司（Xerox）的主席兼總裁烏蘇拉‧柏恩斯女士。她是第一位率領《財富世界》500大公司的非裔美國人，也是根據《富比士雜誌》全球排名第22位最具影響力的女人。而她小時候住在紐約市的貧民住宅區裡，由母親獨力撫養長大。或再想想安尼爾‧安巴尼，印度最成功的商人及全世界第二富有的家族之族長。據說他剛踏入社會時，身上只有一盧比。

對這些人，我們一定都很驚嘆，也可能很羨慕他們的成功。但重點是，他們所激起的，都是**不服輸**的羨慕。他們的故事證明了我們也有提升自己的可能性；而那個可能性並不是來自於意欲擊垮他人的一股惡意的羨慕，而是來自想要提升自我的決心和努力。除此，我們或許也已領會到，這些偶像人物本身可能也都曾經受到不服輸的羨慕之激勵，並以此鞭策自己去追隨他們心目中的偶像的腳步。因為，他們的故事雖然聽起來有如童話故事般美好，但想想，當他們真的一窮二白、在社會邊緣艱難謀生、在貧窮和社會的不安全裡掙扎時，那其實是甚麼樣的日子？單單要從這樣的起步冒出頭，且不墮入社會剝奪的泥坑裡──從身體病弱到就業前景不佳等──就已經足夠叫人喝采的了。但是，他們靠著自己

的意志力持續前進，並獲得了超越多數人所能夢想的成功。

　　我絕不是在暗示，像庫姆、柏恩斯、和安巴尼這種人，都是嫉妒的典範。他們在各自的回憶錄裡提到自己的成長過程時，都不曾透露過一絲對他人成功的眼紅或怨恨。反之，他們全都體現了能夠改善自己狀況的那股動力。在奮鬥不懈的青年時期，他們肯定也曾充滿渴望地凝視著那些已經在享受成功果實的人。但是，就我所知，他們從未希望那些人會失敗或企圖去擊垮他們。相反的，他們將所有的精力和才華都用在提升自己上。這才是不服輸的羨慕之真正定義，而這種羨慕與惡意的那種羨慕相差十萬八千里。

　　這種正面的羨慕可能比我們所瞭解的還要普遍。尼爾斯・范德溫在進行實驗時，曾請他的研究參與者回想他們對羨慕的體驗，隨後發現不服輸的那種羨慕佔據了他們40%的回憶[5]。該研究也披露了劃分這兩種羨慕的巨大鴻溝。回想起惡意羨慕那種感覺的參與者多展現出苦澀和怨恨；相對之下，回想起不服輸的羨慕的那些參與者們，則好像受到了那些回憶的啟發而覺得充滿熱情與動力。這個結果與我們在前文所提及的三位典範的超凡努力剛好吻合：如果沒有受到一個強大的動力之驅使，想要進行這般雄心萬丈且影響深遠的旅程，根本不可能。

　　但這一章所要闡述的並不只是那些登上自己業界頂峰的知名典範而已，這個世界充滿了未曾受到歌詠的無名英雄；他們的成就，以其各自的方式來看，同樣非凡。那些人同樣

貢獻良多，也同樣因為受到激勵，要為自己及家人創造更美好的生活。他們也同樣示範了做為一個**活命者**所具有的「不服輸的羨慕」那種超級能力：那是一種有助我們為獲取能讓我們活命之必需品而奮鬥不懈的動力。想想全世界數以千萬計的為人父母者，他們為了能夠給自己的孩子提供溫暖、食物、及醫藥，都在汲汲奮鬥努力。他們一定也很羨慕那些住在有警衛保護的社區裡的有錢人，不用說，他們也想要享有舒適安逸的人生；但這樣的羨慕卻是以一個正面的方式在鞭策他們。他們靠自己英勇的努力，竭盡自己所能地奮鬥以便達成自己人生的目標。或想想移民者的世代——包括亞伯拉罕·馬斯洛自己的雙親——他們在尋找更富足的未來時，都曾經忍受過難以形容的艱辛。身於其中的還有我們在前一章所提及現正在逃離中東的悲苦難民們。他們從自己的國家出走其中一部份是為了逃離痛苦、恐怖、和戰爭，但另一部份也是為了對生存及富足的追求。驅策他們的不是那種膚淺、對他人的安逸生活懷著怨恨的羨慕。相反的，他們擁有一種深沉、根本的渴望，想要努力爭取生活基本所需以保護自己和家人。而讓他們活命的，正是這種本能。

所以，不服輸的羨慕能夠充當**活命者**，督促我們透過純粹的決心去獲取生存之基本所需。然而有時候，勤奮工作仍然不夠：無論我們多麼努力，命運似乎就是要跟我們作對。這其中所牽涉的不僅是拿到一手爛牌而已。我們那個全身名牌的對手不但跟發牌者是好朋友，其本身根本就是制定遊戲

規則的人，而他當然要確保自己不會輸。換言之，這個社會總是有利於擁有特權或富有的人。看看英國和美國的會計法規就知道了。它們對富人的懲罰遠低於對所謂的「流眾」的——也就是那些薪資微薄且工作不穩定的人，例如替上流階層打掃豪宅以賺取微薄酬勞的工人。自從2008年金融海嘯後，英國社會目睹了自己國家中一千個最富有的家庭之財富翻倍成為547億英鎊，而社會底層窮人們的收入則少了57％[6]。這些披露不公不義的赤裸裸數據令人震驚，且可理解地引發了怨恨。有錢人常常企圖以「羨慕的權術」來打發這樣的抱怨，彷彿別人只是在嫉妒他們的「成功」罷了。從某個角度而言，他們沒有錯，因為其中的確有羨慕在。但對我們所能夠擁有的那種社會——一個比較公平、較人性化的社會——而言，它更多的是一種不服輸的羨慕。而這個羨慕將帶領我們來到馬斯洛的層級理論的第二層：**房屋建造者**。

房屋建造者

每次看到世界上最快樂、最健康、或最具社會連結力的國家排行榜時，北歐國家幾乎都會出現在前十名。例如《世界快樂報告》的調查結果——由全球最傑出的經濟學家、心理學家、及社會政策專家等所研發出來的滿意度評估之參比標準。在2016年時，五個北歐國家各佔據了第一、第三、第四、第五、和第十名[7]。而這可不是僥倖得來的名次——自

2011年這個指標公佈以來，這些國家就一直出現在前十名內。此研究有一個相當簡單的評量方法。他們向全世界各國人民發出問卷，請他們給自己的生活品質評分，數字由零到十。「零」是人們可以想像的最糟糕的生活——人間地獄；而「十」則是可想像的最佳存在——人間天堂。接著所有來自同一個國家的回應會被計算出平均值，以得出該國人民的整體生活品質。於是，在2016年的報告中，排名前十的最快樂國家依次是：丹麥、瑞士、冰島、挪威、芬蘭、加拿大、荷蘭、紐西蘭、澳洲、和瑞典。這些國家獲得的分數都很高，介於7到8之間，而那個數字比起排行榜底端的那些國家的數字來，可說天差地遠：貝寧共和國（3.48），多哥共和國（3.30），敘利亞（3.06），以及悽慘無比的蒲隆地共和國（幾乎難以想像的2.90）。

　　上面的數據給了我們一個結論：那些最快樂的國家，也是最富裕的國家，而那些最悲慘的國家，則都是赤貧如洗。這個邏輯顯然有些道理，尤其考量到滿足基本生理需求的那個重要性（如前文所分析的）。如果你的國家還在底層打滾摸索，掙扎著要給人民提供活命所需的基本物資，那麼現金的湧入或許可以幫上大忙（只要那筆錢能夠平均分配給該國人民，未被上位者貪婪地竊取）。許多人說金錢不能買到快樂；他們其實都錯了，至少就某些層面而言。錢可以買到食物、衣物、和醫藥，而這些物資反過來則可以減少可怕的疾病、飢餓、和死亡。一個國家若能想辦法解決這個根本問

題，那麼它在快樂量表上的排名，就一定會上升。

　　但是，一旦那些基本需求確定無虞了——不論是個人的或整體社會的——那麼在該方面獲得更多的供應，便都不再能夠對快樂產生重要的影響了。規律進食與經常挨餓之間——或者用另外一個說法：活命與死亡之間——其差異無比巨大。但在那無虞之後，品嘗珍饈美味並不會讓我們變得更快樂。誠如巴利・史瓦茲的研究所指出的：太多的選擇可能令人無法抵擋，甚至可能使得人們更加悽慘[8]。（我們將在探討「無聊」那一章時回到這個論題。）最先發現這個模式的是經濟學家理查・伊斯特林。他在1970年發表了這個出乎世人意料的研究結果[9]。像美國和英國這樣的國家，雖說一年比一年富裕，但他們的人民並沒有因此而比從前快樂。這個現象就是聞名的「伊斯特林悖論」[10]（Easterlin Paradox）。當然，這個理論乍看似乎違背常理，不過那只是因為我們在過去一個多世紀以來，一直被廣告以及試圖操控國家和人民的政客們灌輸了這樣的理念而已——財富等同快樂。如同前一段所提，這個等式對極度貧窮的國家及其人民而言，的確有它的真實面：在人們確定活命的物資無虞時，他們的快樂指數確實提升了。但是，這樣的國家一旦達到了某種程度的富饒，也就是多數人民在多數時候能夠供得起多數的基本所需時，那麼人民多餘的金錢並不會對他們的快樂產生特別的影響。

　　這時，最重要的因素變成了財富的**分配**。而這也正是馬斯洛為何設計「需求層級」的原因。生理需求一旦滿足時，

其他的問題——如法律與秩序，教育普及和福利措施等——
便開始變得重要起來。尤其是一個社會的**平等**程度——誠如
理查‧威爾金森及凱特‧皮克特其深具說服力的論證所指出
的——才是人民幸福與否的主要決定因素[11]。一個社會越不
平等（也就是貧富越懸殊），它在各種指標上的表現就會越
糟：如精神健康、犯罪率、信賴程度、及教育表現等。而每
個人民都會受到它的打擊，包括富人。沒錯，那些富人可以
躲在有警衛保護的社區裡或自己支付私人醫療服務的費用，
以此將自己在某種程度上與外界隔離起來。但他們總得開車
上街吧，而大街上卻因為人與人之間缺乏連結而瀰漫著恐懼
與懷疑。誠如約翰‧甘迺迪在某次演說中所闡述的：「如果
一個自由的社會無法幫助那些佔多數的窮人，那麼它也無法
拯救那些佔少數的富人。」因此，睿智的我們不僅要羨慕北
歐人的快樂而已，更重要的是，還要去仿效他們創造快樂的
原因。

他們的公式很簡單：那些國家之所以能夠在幸福排行榜
上表現那麼好，其原因就在於他們的社會比起財富相當的美
國和英國來，要公平的多。他們採取課重稅以及建立強大福
利國家的方式，控制了自由市場與資本主義所衍生的不公
平。假如社會就是一棟房子的話，那麼北歐國家在建造自己
的房屋時，顯然蓋得比別人家好。他們並不是只給國家的菁
英修建鍍金的屋宇，而其他多數人則任其蜷縮在汙穢的破屋
裡。反之，在那棟房子裡，富有的人幫忙維修窮人的區域，

而且每個人也都有充分的物資可以活下去。

　　這裡的教訓是：作為一個社會，我們需要建造一棟較堅固的房子，而且我們可以從對北歐人他們所擁有優越建築的羨慕裡，找到這麼做的動力。摧毀他們的房舍根本毫無意義（就像惡意的羨慕可能會做的）；相反的，我們應該同心協力一起為我們自己建造類似的堅固屋宇。因此，在馬斯洛層級理論的這個階段——也就是對一個安全且富裕的社區之需求——我們都必須參與其中並一起出力來改善我們的社會。我們可以經由選舉過程輕易地達到這個目標。畢竟，在民主國家裡，我們都有投票的權利，也都可以為那些倡導社會公平的候選人助選。或者，我們也可以為某個值得付出的單位，例如當地的慈善機構等，更主動地提供自己的時間、熱誠、與技能。

　　然後，當我們往一個更優良的社會穩定前進時，我們就可以將目光轉向下一個層級：**愛的追尋者**。

愛的追尋者

　　重要的不只是房子而已。擁有一棟堅固、維護完善、能夠容納每一個人並給予庇護的建築，的確不可或缺。但之後，真正開始重要的，卻是住在房子裡面的人們如何對待彼此。前一個**房屋建造者**的層級所指的，不只是藉由滿足我們的生理需求以維持生存而已，也是為了建立一個能夠滿足我

們安全所需的社會。一個能保護我們遠離犯罪的社會（有完善的警力和公平的法律制度）、當我們病弱或運氣不好時能給予我們支持的社會（強大的福利制度）——這樣的社會對所有的人而言都有極大益處。但這樣就夠了嗎？那些照亮我們生命的時刻——例如情人的親吻、同事的善意、和陌生人的微笑等——又如何呢？假如我們無法信任鄰居、沒有可以依恃的朋友、或因為跟同事處不好的話而覺得工作力不從心，怎麼辦？為了探討這些問題，我們將再度造訪北歐地區。然而這一次，我們的討論將不僅是對這個區域直截了當的讚美而已；因為，即使在這些文明的巔峰裡，健康與快樂之中也存在著不少明顯的差異。而其中有許多則可以追溯到**愛的追尋者**：我們對歸屬感與被愛的需求。

在本世紀初，馬爾庫・希巴和朱哈尼・馬基在芬蘭寒冷的西岸進行了一個劃時代的研究[12]。在這個多數人使用芬蘭語的地區裡，住著一小群講瑞典語的人：他們是瑞典統治東邊的鄰居七百年後所留下的遺產。然而，除了語言不同外，這兩個族群非常相像。他們的基因檔案、體格、教育程度、就業前景、社經狀況、福利取得之管道（如衛生保健）等，幾乎完全相同。借用前一個層級的比喻就是：這兩個族群共同居住在一個房子裡。當然，他們的生態背景也是完全一樣的：他們呼吸相同的空氣、吃相同的魚、抬頭看著相同的星空。然而，講瑞典語的這一小群人卻往往比他們講芬蘭語的同胞要活得長——以男人而例，整整多活八年。這究竟是怎麼回事？

在分析了這兩個族群的行為模式後,希巴和馬基認為該平均壽命的差異可以用一個單一的因素來解釋,那就是:「社會資本」。我們對**經濟**資本這個概念都很熟悉:我們存在銀行裡的錢,讓我們能夠購買自己所需,或揮霍在自己所渴望之物的財源等。同然,社會資本就是我們**社會**資源的總和:我們所認識並覺得能夠向其求援的人數、我們對自己鄰居的信賴度、我們身為自己社區一份子的感受度、我們所擁有的友誼之品質、我們所參加的社區活動之數量、我們從親近之人所獲得的關愛程度等等。雖然希巴和馬基的研究裡的所有參與者都享有差不多(高)的經濟資本,但是,講瑞典語的那一群人卻似乎擁有較充裕的社會資本。例如,在接受訪談時,他們更願意談論與兩性關係、喜好、互惠,及社會連結等相關的主題。在生活中,他們也往往比較願意加入社團和志願組織、花較多的時間與朋友相處、及一般而言擁有較強的社區意識等。這些行為模式對他們的健康所產生的助益,主要表現在以下兩方面:比起其講芬蘭語的鄰居來,他們不僅身體較健康,且在遇到難關時,也能獲得更多協助的資源。他們也比較快樂,而這並不讓人意外,因為他們通常更符合馬斯洛需求層級理論裡的第三層:歸屬感及被愛的需要。

那麼,我們應該羨慕誰?那些擁有無數財富及物質享受的有錢人,或是有幸能夠擁有豐沛社會資本的人?如果我們還在掙扎求生,如果我們基本的生理與安全需求尚不能被滿

足，那麼當然我們必須先累積所需的經濟資本，以便生存和維持健康。但是，一旦這些需求被滿足了，那麼我們就應該學習提升自己的關注並將眼光放在較崇高的目標上，因為這時累積更多的資產已經不會讓我們變得更快樂了。在這個階段，我們高於一切的需要是社區與歸屬感。因此，我們要羨慕的是那些喜歡社交的講瑞典語的人。

更重要的是，我們應該以不服輸且具建設性的方式來駕馭這個羨慕，並利用它來成為我們內心那個鞭策我們的**愛的追尋者**。所謂愛的追尋，指的並不是浪漫地「談戀愛」且以為那是獲得快樂的唯一方式。它真正意味的是：對「參與並成為某社群的一份子」這種價值的體認。在社區裡，要與他人交際、搭起橋樑、並產生連結的方式有很多種。不管你的嗜好是甚麼、無論你喜歡如何消磨自己的時間——從莎莎舞到下棋到跳傘等——都會有一群志同道合的人聚集起來一起享受那個活動。在很多方面而言，該活動本身其實只是一個結交新朋友的藉口而已。例如，我的一個朋友成立了一個編織團體並固定在附近的某酒吧聚會（故取名「爛醉的編織才子」）。雖然我不會編織（因此我只是名義上的「半才子」），為了跟那群有趣的人喝一杯，我有時也會加入他們。我們都知道要建立新友誼是一件很困難的事，尤其年紀漸大之後。在酒吧裡，我們不大可能直接走向某個陌生人，然後厚臉皮地跟那個人做自我介紹（尤其如果你是英國人的話）。因此，這樣的團體給我們提供了一個彼此認識的機

會，讓一些有共同興趣的人能藉其善意且有組織性的促進功能，自然地做自我介紹。這樣的團體就是為了將人們聚集起來而特別設計的。

我應該加以說明的是，當你加入一個新社團時，你並不需要費勁地去成為它的生命和靈魂。而且，你若想要花時間跟自己獨處，那也是很好的事。我們都有某種程度的社交能力，以及某種作為與其平衡的自省程度，而這對我們自身而言，是很自然且正確的事（我們將在「寂寞」那一章裡進一部探討此概念）。然而有時候，我們需要一點驅策力來幫我們打破自己的殼、從自我防衛的牆往外探看、並與牆外那邊的人產生連結和溝通。此外，歸屬感會提供我們一個安全的平台，我們可以藉由它在馬斯洛的需要層級理論裡，攀上更高的層級。現在，請將自己的雙腳穩穩地站在這個層級堅固的土地上，然後讓自己往上進入下一個層級。在那裡，**自我奮鬥者**正等待著要指引你。

自我奮鬥者

我是在人生一個相當黑暗、混亂的時期，第一次遇見了**自我奮鬥者**這個令人痛苦的角色。也就是在馬斯洛需求層級的這個階段，我們「作為一個有價值的人受到尊重」和「因為努力而獲得回報」這樣的需求變得無比重要。但是，就在我剛從大學畢業後，我所有的計畫卻似乎都蒸發不見了；如同

夢醒那般，所有的夢境在醒來的那一刻消失潰散，留給你的只有片鱗半爪的記憶。在這個艱困的時期，我開始體會到我們對尊敬根深蒂固的需要，主要是因為當時正處於人生低潮、自憐自艾的我，覺得自己在那方面相當欠缺。然而，我也開始理解到，不服輸的羨慕可以有效地幫助我們滿足這個需求。但是，首先，讓人覺得壓力很大的是，尊重對那些正在掙扎著滿足自己生理、安全、及歸屬感等「低層級」需求的人而言，也同樣重要。一個寂寞、無家可歸、努力奮鬥只為求生的人，顯然也需要──並值得──擁有尊嚴及他人的尊重。但在其更基本的需求被滿足前，這個需要並不會成為他的主要關注。

在經過了一連串之後回想起來有助於我奠定人生未來之路的事件後，我才真正明白了這些道理。我在念大學的時候，因為沉迷於本土音樂場景的漩渦中而令師長們為我擔心受怕。那時我成立了一個搞怪但噱頭十足的斯卡搖滾樂團。因為太沉醉於現場演出的刺激，只有我父母親睿智的建言才阻止了我想休學全心投入樂團的衝動。然而，我仍然計畫於畢業後，要在音樂產業裡「完成自己人生的夢想」。但就在幾個月後，我們的整個計畫卻毀於一旦。那個暑假的大部分時間，我們都待在錄音室裡錄製我們的第一張專輯。但就在整個過程進入尾聲時，我們跟經紀人鬧翻了，整個出道計畫也戛然而止，且沒有轉圜的可能。推著我們的帆船前進的風，就這麼停止了動作，而我們的樂團也因此解散了。

這個劇情中最糟糕的一部份就是：我沒有一個後備方

案。我大部分的同學都已經展開刺激的新旅程——從報酬豐厚的大學畢業生工作，到環遊世界的旅行等。但我因為之前太沉浸於樂團光明的前景中，竟忽然覺得舉步維艱，不知何去何從了。就是在這個時候，羨慕開始滲入我的靈魂中。我曾經因為嫉妒而痛苦——渴望地看著那些似乎擁有我所欠缺的某些才華的人——但現在，那些比較進入了一個全新的層次。隨著對自己無情的判斷，我殘酷地發現自己欠缺著生活的許多面向。我的同儕都已經開心地啟航，駛入美好富足的未來，而我卻因為錯過了船班，擱淺在無人的荒島上，孤立無援。他們都在創造光明的前途和事業，而我卻為了賺取微薄的工資，在精神病院裡當護士助理。

我跟這個工作的關係很複雜。從某方面而言，我想在心理學的領域裡打造自己的事業。我對此仍懷抱著一絲希望，也許當個治療師，而我知道護理工作能夠給我提供一個完整的經驗基礎。此外，我也覺得那個工作很充實。如同我在悲傷那一章裡所提及的，在工作中的某些時刻——譬如陪著病人坐在夜晚奇異的靜默中時——我覺得幾乎能夠感受到一種神聖的意義。然而同時，不管在健康方面或精神方面，那卻是一份辛苦的工作。而更令我困擾的是，我覺得沒有意義，我感到失敗。

在這種自怨自艾的情緒中，我幾乎羨慕我所認識的每一個人。但後來，我開始注意到，這種令人不快的情緒其實隱含著許多豐富的養分。首先，我的羨慕幫助我釐清了自己生

活中所欠缺的是哪些東西。它讓我擁有一些自知之明，讓我瞭解到自己真正重視的是甚麼。這種自我認知並不是很令人愉悅：例如，跟我告訴自己正好相反的，我明白自己其實也很渴望擁有地位和他人的認同。但是，當我專注在我所羨慕的人身上時，我卻也獲得了一個較清楚的方向。我並不特別嫉妒我那些進入大城市工作，或被升遷制度完善的大公司錄取的同學。我真正羨慕的是那些在心理學領域裡有積極進展的同儕。我覺得那也正是我想走的路，雖然我有一點落後了。那時我因為至少知道自己想要往哪個方向去，而感到一絲安慰。此外，我也學會了駕馭自己不服輸的羨慕，並讓自己從中獲得趕上進度所需的動力。我下定決心要更努力工作，同時開始進修，為進入研究所做準備。我花了五年的時間才獲得那個機會，其中一部分原因是，由於命運的無常，我們的樂團又整合了並開始起飛，而樂團的事務再度佔據了我許多心力。然而。在那五年中，我對心理學同儕的欣賞——羨慕——一直都是指引我前進的一盞明燈，帶領著我往我最終想要追求的事業前進。

所以，羨慕能夠驅策我們，讓我們更加努力地去追求自己所渴望的認同與尊敬，幫助我們成為一個**自我奮鬥者**。不過，即便在我們開始獲得一些認同與某種程度的敬重之時，我們的眼光可能也已經開始超越這種外在的認可了。倒不是他人的尊敬已經不再重要，而是之前被隱藏的需要逐漸彰顯了其更大的重要性。在此，我們遇見了**開拓者**。

開拓者

　　你最仰慕的人是誰？我所說的並不是那些在自己的領域中取得極大成就，或甚至那些在自己生命中已經找到滿足的人。那種欣賞僅屬於**自我奮鬥者**的層次。請換個角度，試著想想那些，比起所有人來，似乎存在於一個更高層次的人。他們看得更遠、思考得更快、走得更昂頭挺胸。他們的判斷更具智慧、言論更清晰明確、行止更優雅。馬斯洛自己就有一張傑出人士的名單；那些劃時代的明燈，不僅照亮了自己所獻身的領域——引發科學革命的愛因斯坦、為許多世代創造音樂的貝多芬、改革政治的林肯等——更透過將自己的才華奉獻給這個世界，而遠遠超越了那些他們所投身的領域。例如，馬斯洛歌頌林肯，不僅是因為林肯是個偉大的政治家，更是因為他是個偉大的人——的確，人類歷史上最偉大的人之一。這些偉大人物中的每一個，似乎都達致了人類發展的巔峰。倒不是因為他們特別的聰明或勇敢，或具有特殊技能；而是因為他們奇異的人格特質與經驗，此兩者結合後所創造出來的真正高貴的特殊性格。馬斯洛稱他們為「自我實踐者」：換言之，他們是已經充分發揮（或體驗）自己潛力的人。

　　當我第一次聽到歐巴馬演說時，我同樣感受到了馬斯洛對其名單上的傑出人士所保留的那種傾慕。當時我覺得肅然起敬，內心對他充滿了讚賞，而且那份讚賞在他後來的整個

競選過程中，只有越來越強烈。他鼓舞人心的演說不僅風迷了渴望療癒國家裂痕的美國百姓，也驚艷了全世界懷抱著期望與渴求轉變的民眾。當然，他有文膽幫他寫演講稿，也有專人訓練他的演說技巧，但是他讓人印象深刻的並不是他所使用的文字或他傳達理念時的口才。這個人身上似乎有著一種真的令人著迷的特質；比起其他人類來，他就好像是由一種更棒的材質所塑造而成的。別誤會我的意思，我知道他不是完人；而且，跟其他很多人一樣，我也曾對他任職期間的某些表現感到失望。但是，在我眼中，他政策上的失敗並沒有真正削弱了他這個人本身的特質。畢竟，他只是個凡人；而且，他在難以想像的複雜處境中以及無法妥協之政治體系的侷限下，已經盡力而為了。如果他曾讓任何人失望，那可能是因為我們在他的肩膀上加諸了太多的負擔和期許。我仍然認為他是人類的典範，一個值得萬人仰望的好榜樣。

而這帶我們來到了**開拓者**的不服輸的羨慕。在這個需求理論的層級，我們已經不太關心物質的擁有（**活命者**的羨慕）、安全的保障（**房屋建造者**的羨慕）、歸屬感（**愛的追尋者**的羨慕）、或他人的認同（**自我奮鬥者**的羨慕）了。我們把我們心目中的英雄當作人來羨慕——或傾慕。如果正確地駕馭它的話，這種不服輸的羨慕會督促我們去追隨他們的腳步，並攀登到跟他們同樣的高度。我們看到他們的所在之處——就人格及道德目標而言——而我們受其激勵，也想努力地往上爬，以便加入他們。那就是為甚麼在這個階段的發

展，羨慕是我們的**開拓者**：他照亮了我們應該選擇的道路，並催促我們去遵循。但這並不表示我們要**複製**那些英雄們的目標。雖然我們希望能夠效仿他們令人仰慕的素質和特性——例如歐巴馬的聰明冷靜與優雅自若——我們的目的卻不應該是為了擁有跟他們完全相同的發展。反之，我們必須努力地開發並實踐**自己的**潛力。最擅於破除因襲的作家克特・馮內果在鼓勵某一班高中生時曾寫道：「請練習任何一種藝術技能：音樂、唱歌、跳舞、表演、素描、繪畫、雕塑、寫詩、小說、散文、報導文學等，不管你做得多好或多糟。不是為了賺取金錢和名聲，只是為了體驗成長，為了找到你內在的潛能，為了讓你的靈魂茁壯。」[13]

這很重要，因為，如若不然，我們可能就會偏執地想要達致某種成就，並在做不到時嚴酷地批判自己。成為美國總統是億萬人之一才有的機會。因此，如果我們根據這個不可能的高度來評估自己的成功，那我們當然不可避免地要顯得不足。沒錯，真正與這個層級相關的不是「成就」；那種關注是屬於**自我奮鬥者**的層級。**開拓者**比較著重的，是一個人應該如何發展，不管它是否會帶來讚美和名聲。曾有人問拳王穆罕默德・阿里，如果他沒有成為拳擊手的話，他可能會做甚麼。阿里回答說：「我可能會當個垃圾清潔工……不過，我一定會成為這世界上最稱職的清潔工。」這聽起來有點自吹自擂，但對我而言，他只是在告訴我們，不管命運給他發了甚麼牌，他都樂於接受，而且一定會**很有格調地**接受。

　　阿里的人生哲學無疑啟發了成千上萬的人，希望也能全心全意並有格調地去遵循**自己的**命運。他們並不一定都夢想著成為拳擊手，就如同歐巴馬的支持者一樣，並不一定都想要成為政治家。但這些鼓舞人心的人物確實激勵了許多人，讓他們也都想要在最能發揮自我潛力的路上邁出下一步。例如不忠合唱團的主唱麥克西‧賈士；在他的饒舌歌裡，他唱到了他在電視上看到他的英雄阿里的拳賽，以及他在布里克斯頓街頭艱苦地對抗種族歧視時所獲得的自信。然後，許多年後，他駕馭了那份可貴的自信，開始追求自己的音樂夢想。

　　然而，即便我們擁有了踏上自己獨特道路的力量，我們卻可能開始理解這整件事並不僅是關乎我們自身而已。在這個階段，我們正逐步靠近馬斯洛層級理論的最高層：**靈魂塑造者**的國度。

靈魂塑造者

　　你在生命中是否曾經享受過那種彷彿萬事皆順的完美時刻？我指的不是你所有的人生寶盒似乎全部一起打開滴答作響的那個時刻——你陷入情網、你的工作順利無比、你的家人和朋友全都身體健康、而你也正倘佯在熱帶海岸的黃金沙灘上享受著醉人的邁太雞尾酒。我指的是，當整個宇宙似乎全部被轉化點亮時的其中某一個奇特的瞬間。你覺得自己彷彿被移送到了一個更高的現實空間，在那裡一切都充滿意

義。這個世界的美麗叫人迷醉，完全就是愛的化身。**你**，真的一點都不再重要。你的生命，以及其中的所有煩惱和顧慮，全都安靜地被遺忘了，取而代之的，是一種對生命本身的莊嚴之敬畏。這些瞬間可能在任何時刻具體化，也許就在你蹣跚走向辦公室之時。不過，當我們遠離自己的日常生活時，它們最可能降臨在我們身上——也許當我們正站在山巔上、俯瞰著世界、因為登山的興奮而喘不過氣來的時候。而這就是為何馬斯洛稱這樣的時刻為「高峰經驗」，因為它們就好像某種經驗上的聖母峰，從我們生命的其他時刻突顯出來，永遠鎪刻在我們的記憶裡，就像完美的一瞥——生存的真正亮點。

當馬斯洛思考這些高峰經驗時，他逐漸覺察到一個矛盾。他領悟到，當人們達到這種個人成就的巔峰時，他們似乎也**超越**了自己：「自我」似乎不見了，被遺忘了。這聽起來可能有點神祕——的確很神祕——但它並不是某種超自然的怪誕。曾經體驗過這種高峰經驗的人，仍然知道自己是一個擁有名字、過去背景、和某種身分的人。但他們卻明白，這些認知上的「事實」並不重要，因為他們忽然領悟到，自己的存在比自己所曾以為的還要龐大。那種感覺就像一滴水進入了大海。那滴水在分子的層次上可能保持不變，但同時，它也成為環繞在它四周的無邊無際的大洋的一部分。因此，馬斯洛強調說，自我實踐不僅是一個目標——登上人生巔峰——也是一個全新的超脫自我的「超越之旅」。當然，

他並不是第一個研究「超越自我」這個概念的人，也不是第一個體悟到超越自我可能是通往人類所可能體驗的最高境界的人。數千年來，每一種靈性傳統對此都有深刻的瞭解，而它們全部都因一條共通的繩索連結在一起；換言之，靈性追求者的目標就是要跟他們所崇仰的那個焦點培養一種經驗上的大聯盟。這就是為什麼基督徒要禱告，而佛教徒要冥想的原因：他們企圖超越自我，以便成為比起他們自身來更莊嚴、更美麗的某種東西的一部份。

　　基於這個理由，我們才可能談及**靈性的**羨慕。在我們的人生旅途中，我們受到不服輸的羨慕之驅策，往前邁進。如果我們缺乏維持生命的基本所需，例如食物和庇護所，那麼我們內在的**活命者**就會激勵我們去獲取這些東西。一旦我們擁有了活命所需的一切，試圖聚集更多此類的東西就失去了其意義，因為這麼做並不會讓我們變得更快樂。這時，我們可能會開始羨慕那些享有強大的社區連結及親密關係的人，於是便會讓自己接受**房屋建造者**和**愛的追尋者**的引領，以便自己也能享有那樣的利益。接著，當我們開始羨慕他人的成功時，**自我奮鬥者**便會敦促我們往更高的個人成就去努力，而我們對勵志人物的仰慕則會成為我們的**開拓者**，刺激我們去發揮自己的潛力。然而，在到達了那個層次後，我們卻可能瞭解，原來我們還可以將目標設定在更高的地方。但即便我們終於成為了一個自我實踐者，我們也不應該就此志得意滿，因為這世上仍有許多值得我們尊敬並效法的典範。而只

有當我們明白這一點時，我們才會開始體驗甚麼是靈性的羨慕。

我深信這就是為何那麼多人會受到宗教及靈性傳統所吸引的原因。每一個這種傳統的中心，都有一顆稀有的寶石、一個塑造世界的人物，而其傳統便是圍繞著這個人物逐步創建。從這些人物走遍四方以來，數以千萬計的信徒們便受到自己不服輸的羨慕之帶領，試圖追隨他們的腳步。例如，他們可能羨慕耶穌的愛和憐憫，或者佛陀的智慧與洞察。而這樣的羨慕之所以是一種不服輸的羨慕，就是因為那些追隨者們都希望、祈禱、並且努力地要成為跟他們的靈性導師一樣的那種具有愛心與智慧的人。

這種境界「較高的」羨慕為何深具價值，其理由很多，而其中最重要的便是：它能預防「較低」形式的羨慕墮入惡意的深淵。如同本章開頭時所闡述的，不管我們多麼努力嘗試，我們可能就是無法累積自己心目中某些偶像的龐大財富與成就。而如果我們想要仿效他們的努力卻怎麼樣都無法達標，那麼我們的羨慕當然就會有變成惡意嫉妒的風險。然而，若是真的發生了那樣的事，我們只需要抬高眼界，將較高形式的羨慕設定為我們的目標即可了。的確，力爭最高層級——**靈魂塑造者**的靈性羨慕——可能是最強而有效的補救措施。即使我們永遠都不可能獲得龐大的財富或不凡的成就，但想要成為一個更具愛心、更慈悲的人，卻一定是我們之能力所能及的。此外，即使我們無法與那些宗教典範的超

人特質相比,我們至少能夠將他們視作目標,努力向他們的標準邁進。

羨慕那些在同一條路上已經比我們行得遠的人,對我們堅持走在正確之路上,也有很大的幫助。我以前常常到一個佛教中心去,在那裡,我總是被新加入的成員震撼到:他們不僅尊敬佛陀、視祂為主要的領導典範,同時也會努力去效法中心裡較資深的其他成員。話說回來,你不需要有任何宗教信仰或以為自己必須具有特別的靈性,才能從靈魂塑造者的靈性羨慕中獲益。我知道很多意志堅強的運動員,他們覺得教宗或達賴喇嘛也能給他們很大的啟迪。遵循他們的例子同樣對你有所助益。而你如果容許自己被帶領,那麼你就可能有幸體會到那種自我超越的珍貴時刻。那些高峰經驗不僅能夠轉化我們的生命,也能夠幫助我們以全新的眼光看待它們。

我們也可能在完全未預料到的地方找到自我超越,例如無聊。而下一章,我們就是要探討在無聊中所隱藏的奇特魔法。

第六章

無聊

　　你的火車已經誤點了，但廣播卻「很遺憾地告訴你」，火車將再晚一個小時進站。你開始感到無聊的重擔殘酷地壓迫著你。這時，廣播聲又響起，宣布說火車將延後一整天。但你的車票已經檢查過了，所以你不能夠離開火車站。而由於你的行李頗多，使得你甚至無法離開座位。然後你注意到，車站裡只有你一個人，你連個講話的對象都沒有。更糟的是，你沒有書或其他消遣的東西來幫你度過接下來的許多小時。最後，因為某種特殊的身體狀況，你再也張不開眼睛、保持清醒，因此你甚至無法跟自己玩《我是小間諜》的猜謎遊戲。在這種情況下，你可能會以為自己絕對要沉入無聊的深淵了。

　　然而，有些人卻刻意地要去培養這樣的情境——將遠離娛樂和刺激的時間延長——以便進行冥想。沒錯，雖然這一章所要探討的並不是冥想，但卻是「練習冥想」這個引人深

思的問題，讓我開始思考「無聊」的潛在價值。我是在羅伯‧普爾希格的經典哲學名作《禪與摩托車維修的藝術》（曾在〈悲傷〉那一章中提及）裡第一次接觸到「無聊」這個議題。大家可能還記得，在書中普爾希格與他年少的兒子一起旅行，騎著摩托車跨越北美中央那片廣袤的平原。在他的筆下，那片風景就是光禿禿、沒有特色、千篇一律、令人窒息的單調。他在書中思索著，那些已經習慣於「存在之靜默」的當地人，他們也許能夠注意到大城市裡感官超載的人們所可能忽略的、某些細微的美麗時刻：從泥土裡冒出來的一朵小花、芬芳柔和的微風、白雲朵朵中的一條波紋等。這些瞬間即逝的優雅為何能被注意到，普爾希格指出，那只不過是因為「其他的東西都不存在」。這個觀察讓他開始省思「靜坐」這種奇特的禪修冥想練習[1]。「靜坐」兩字很貼切，因為冥想者真的只是「靜坐」，以便注意到那些穿過他（她）內在覺知的景象及聲音。普爾希格寫道：「禪學對無聊的詮釋很有意思。其主要的『靜坐練習』肯定是這個世界上最無聊的活動……你不用做太多的事，不用動、不用想、不用在意。有甚麼能比這更無聊的呢？然而，這種無聊的中心主旨，正是禪學所意欲教導我們的。那是甚麼？在無聊的核心你所看不見的究竟是甚麼？」[2]

究竟是甚麼？誠如某些具有豐富傳統的靈性文學所顯示的，也誠如大量的科學研究所證實的：冥想可以是人類通往其所能觸及的最不凡、最超越的心思狀態的一扇大門。而這

些令人舒暢並能夠改變生命的體驗，的確可以在無聊的核心中找到。

重新解析無聊

　　「無聊」一詞在傳統上向來名聲不佳。"Boredom"其實是一個相當新的字眼；它在1852年時才正式成為英語裡的一個字。當時，查爾斯・狄更斯很有創意地採用了"to bore"這個動詞——意指「鑽、鑿、或消磨」——以便盡量地將其小說《荒涼山莊》裡的戴德洛克夫人的蒼涼精神狀態表達出來。在故事中，狄更斯重複地描述她的生活是如何「無聊的要死」[3]（bored to death）。然而，雖然"boredom"是個很現代的字眼，其所描述的不安狀態——一種挫折、煩膩、悲傷、厭惡、冷漠、無感、限制等加起來令入沮喪的綜合體——卻在人類歷史上一直都有受到辨識。已知的最古老的文學作品中之一，蘇美爾的《吉爾珈美什史詩》，故事在一開始便提到美索不達米亞國王烏魯克是如何地「受盡無聊之壓迫」。接著，那個無聊狀態便成了整個故事的前提，因為正是它驅使烏魯克展開了一個追尋之旅：他要去挖掘自己存在的目的，並創建一個配得上他的大名的傳承。之後，在古典希臘和羅馬哲學裡，類似的無聊狀態開始具有了一個直逼絕望的存在主義的沉重暗示。例如，斯多葛學派的哲學家塞內加。與耶穌誕生在同一個時代的他，曾經唉嘆無所不在的

「生活之倦怠」；而他對那種倦怠有一個令人發寒的形容：
「無所事事的靈魂之騷動」[4]。

　　在中古世紀之前，「無聊」一詞已經暗示了精神上的百無聊賴以及**懶惰**（acedia）這種形式的憂鬱。基督徒會談到「正午的惡魔」，而湯瑪斯·阿奎那則將**懶惰**形容為「這個世界的哀愁」和「靈性快樂的敵人」。隨後，由於基督教對西方世界逐漸失去掌控，這種憂鬱被重新詮釋成較具存在主義的一種**失落**狀態。這個狀態，在十八世紀所謂的「英國病」、十九世紀歐洲的**厭世病**，以及二十世紀初歐洲大陸哲學家所哀嘆的「嘔吐感」裡都非常顯著。最後，現代醫藥及精神病學基本上都已經將以上這些形形色色之狀態——從**生活之倦怠**到**懶惰**——全部整合並重新概念化後通通歸類在「抑鬱症」這個臨床診斷的大範圍裡[5]。社會學家歐倫·克拉普對此狀態曾有如下闡述：無聊本身只是用來形容沉悶或無趣——也就是，一種「生活品質的不足」[6]。

　　然而，普爾希格的問題——「在無聊的核心你所看不見的究竟是甚麼？」——讓我們不得不停下腳步思索。我們什麼時候會覺得無聊？大部分的人可能會說：「無聊」是當我們認定自己當下的狀況缺乏價值或趣味時，所引發的一種負面情緒。通常，當這樣的感覺降臨時，我們就會開始去尋找能讓我們過得比較有展望的新活動或新環境。但是，假如我們決定與無聊廝守並耽溺於其中時，那會如何？這時，那些顯得沉悶、乏味、或淺薄的現象，可能就會忽然之間變成了

神秘與趣味的源泉。例如，當你冥想時，僅僅專注於呼吸——一個我們通常會覺得理所當然的活動，也是一個不太吸引人的活動——就可能會對你產生轉化之功能。這個顯然瑣碎的生理過程能夠教導我們一個與自我本質相關的寶貴功課，並帶領我們進入一個全新的存在之方式。我們可能會領悟到，自己之前對無聊的評估可能只是一個受侷限的心態之產物，而非一種對我們真實情況的正確描述。與「無聊」相處可以打破精神之藩籬，將我們從束縛自己的世俗偏見中解放出來。的確，我們甚至可以說，「無聊」是一條通往某神奇花園的小徑，而裡面充滿了奧妙與驚喜。

神奇花園

「在河岸上，愛麗絲開始對無所事事地坐在姊姊身旁，覺得很疲累。」[7] 文學中最具想像力的作品之一就是這麼開端的。路易斯・卡羅在那條慢悠悠穿過仙境般的牛津城的河上，想像出了他那篇不朽的名作。在1862年六月的某一天，卡羅坐在一艘小木船上，從名字取得真好的「笨橋」出發，沿著小河漂流而下。官方的天氣報告記錄說那天「陰寒且多雨」；然而，他卻十分恰當地描述說，那是一個「陽光燦爛的午後」。陪伴卡羅的是羅賓森・達克華斯牧師及牛津大學校長的三個女兒：伊蒂絲、羅琳娜、和十歲的愛麗絲。那是優閒慵懶的一天，而當他們沿著小河緩緩逶迤而下時，卡羅

開始瞎編起他那個奇特的故事。

故事中的愛麗絲懶懶地納悶著：把雛菊串成鍊子所獲得的快樂，是否值得她努力地把自己從睡夢中喚醒。然後，一隻兔子忽然從她身旁跳過去。那種事很尋常，但愛麗絲卻注意到那隻兔子竟然穿著一件背心。然後，它從其中一個口袋裡掏出一隻手錶來，焦慮地看著時間。愛麗絲深受吸引，她衝向那隻兔子，卻只來得及看到它消失在籬笆下的一個小洞裡。她跟進洞裡去，越走越深，最後穿過黑暗，進入了仙境，一個神祕的地方，裡面有不真實的動物和亂七八糟的邏輯。而這所有的一切都是在沉悶無聊的一瞬間展開。

只要我們願意的話，與此類似的情境或許也能促使我們自己的白色兔子出現。當無聊的感覺降臨時，我們通常會盡可能地從事各種轉移自己注意力的事情，瘋狂地編織著我們自己的雛菊鍊子，來創造忙碌的假象。這時若是有一隻兔子從我們身旁跳過去，我們可能也會因為太忙於做消除無聊的活動，而根本不會注意到它。但我們若能夠想辦法與無聊相處，我們或許就有可能被帶領進入兔子洞，進入我們自己想像的國度裡。在我的想像中，它是一座青翠的花園，裡面充滿了各種引人入勝的事物，而其中每一種都象徵著「無聊」所隱含之價值的某個層面。

在試著踏入花園的第一步時，我們遇見了一條溫柔的**自由之河**。隨著水流飄盪而下，我們體會到了一個貌似矛盾的理念：讓我們的選擇在某方面受到侷限——一種常常被描繪

成「無聊」的限制——其實具有解放之功能。當我們的心智從不斷的決策重擔中解脫出來時，我們可以飛躍到更高的境界。接下來另一個令人著迷的特色，是一顆美麗的**拋光的石頭**。它所展現的概念就是：對達到完美的境界而言，重複的單調是必須的，它甚至能夠產生對全神關注本身有價值的體驗。接下來，我們碰到了隱藏的**鑽石礦**。如果我們受縛於一個讓我們覺得沉悶的情境，那麼它可以提供我們一個機會：藉由更深入的探查，我們可以挖出深埋其中的寶石。

繼續往前，我們新開發的知覺敏感度幫我們找到了一個隱密的**創意之井**。擷取地下深處的資源後，我們便擁有了探索隱藏於我們內心的洞察之河的能力。隨後，透過神秘的**永恆之窗**，我們捕捉到了諾貝爾獎得主約瑟夫・布羅茨基所闡述的超越理念：「無聊」讓我們瞥見了宇宙的永恆。最後，那條路帶我們來到了**明晰之鏡**。在此，我們領悟到，我們可能會在「無聊」中窺見奧秘中之最大奧秘：自己。的確，無聊之所以如此令人不安、如此強烈且具轉化之潛力，正是因為我們不得不面對自己這個事實。而這就是無聊的中心主旨，也是為何禪宗這類靈性傳統如此重視它的原因。

記住這些後，接下來我們該進入兔子洞了。

自由之河

你走進一家超市，想買一些果醬。你走到放果醬的那條

走道去，在那裡你看到幾十種不同的牌子，一個挨著一個排放在架子上。此外，每一種品牌都吹噓自己的特色：口味最多種、低糖的、有籽的、或沒籽的等，全都是為了符合各種口味及需要而設計。當然，這麼多的選擇正代表了消費者的最大滿足，讓他們能夠找到**絕對正確**的果醬。

　　然而，席娜・伊恩卡和馬克・雷普卻發現，這幾乎沒有止盡的選擇並不是我們通常所會以為的福利[8]。在某個周末，他們在加州的一家超市裡擺了一個果醬攤子，給經過的客人提供了一系列的美味果醬。頭一個小時，他們在攤子上只放了六種精選過的不同口味。之後，他們會在櫃台下方再加上另外二十四罐，變成了令人頭昏眼花，總共有三十種選擇的口味。過了一個小時後，他們又回到原來的只有六種選擇。接下來一整天，他們就用這兩種方式輪流陳列果醬的種類。自由市場的狂熱份子一定會告訴你，選擇越多越好。然而，與他們的信念正好相反的，消費者竟然在攤子上只陳列半打果醬罐子時，更願意靠近購買。除此，在所有購買果醬的顧客中，那些從只有六種口味裡選購的消費者，比起那些從更多選擇中購買的顧客來，往往對自己所購的產品更滿意。

　　很少概念能像「自由」與「選擇」那般激勵西方人士的心靈。這個說法放在今日來看特別真實，因為這兩者正是整個消費者資本主義結構的意識形態之基礎。的確，沒有人敢爭辯說，「完全沒有自由」是人類最渴望的事。我們目睹過太多的恐怖——例如奴隸制度——因此能夠理解「自我決

定」是一種基本的人性需求。然而，太多的自由——一個完全不受任何侷限約束的生命——卻可能令人不安。著名的政治理論家凱斯・桑斯坦在寫到「選擇不選擇」的價值時，就曾提出這個觀點[9]。讓我們舉二十世紀初與今日年輕人所面對的對照情況為例。一百年前，年輕人的未來多半已經被規劃好：他們通常會追隨自己的父母，接手家族事業，留在他們出生的小鎮，並跟在學校認識的某個人結婚。但現在，一個二十幾歲的年輕人幾乎可以把自己的事業目標設定在任何領域；他們能在這個世界的任何角落安頓人生，並在地球遙遠的另一端找到自己的終生伴侶。這樣的自由很棒，但它也很可能是一種負擔。例如，索倫・齊克果就曾主張，無限的可能性——「令人頭昏眼花的自由」——可能令人困擾，因為我們必須不斷地做相對而言影響我們命運的選擇，且必須為其後果承擔責任[10]。正是因為這個理由，尚保羅・沙特才會說出了他那句名言：人類「因自由而受罪」[11]。

因此，「限制選擇」之益處一直都有受到注意。確實，有些人甚至建議說，「限制」也許是一種解放。如果你隨著水流漂浮而下，不選擇往那個方向去，水流就只是順著自己的流向帶著你，而這卻能給你自由和時間，來慢慢觀賞週遭、做白日夢、思索更重要的關注事項。這種現象在修道院裡最明顯。出家人生活在十分刻板的常規裡；他們吃甚麼、穿甚麼、在固定時刻只能做或必須做甚麼，都受到了嚴格的管理。他們為何同意這麼做呢？在其他大部分的情境裡，這

種沒有彈性的統一都會被認為非常的無聊（在某種層面上，對出家人來說想必也是）。但是，它卻也容許他們的心智從那些不重要卻連續不斷，說來只是佔據日常生活的選擇裡解脫出來。（「我應該現在吃飯嗎？還是再過十分鐘？吃比薩？不健康。豆腐？噁心。那就比薩吧。」諸如此類。）那些出家人也因此能夠專注在比較重要的課題，並與他們的神培養出一個較深的連結來。沒錯，當達賴喇嘛被問到他是否能僅用一個詞來形容「快樂的秘密」時，他回答說：「常規」。此外，這種「透過束縛的解放」並不是只有與世隔絕、隱居的出家人才擁有的專屬福利。它對所有人，包括這世界上最成功的一些人士，也都很有價值。例如，美國前總統歐巴馬和臉書創辦人祖克柏，他們都曾描述過只穿一種衣服的好處。將服裝選擇的重擔拋開後，他們就有了更多的時間來處裡生命中更重要的事情。

　　當然，選擇自己的限制──挑選修道生活或簡單的上班族日子──是一回事；不得已找一些侷限來強加在自己身上，那又是另外一回事。可悲的是，很多人所忍受的都是後者這種強加的限制，尤其是在工作生涯中不得不隨著他人的擊鼓節拍而前進時。例如，我在精神病醫院當助理護士的工作就特別地具有侷限性。除了值班的緊湊安排外，我工作中的幾乎每一層面都有其規定──我所坐的位置、我的衣著、我可以與之談話的人等等。這些限制其實都是有依據的──都是為了確保病人及工作人員的安全而設定──但它們卻幾

乎沒有留給我任何個人選擇的空間。你可能會覺得,遵守這麼嚴格的一套規則一定很令人覺得憤怒(有時我的確覺得很抓狂)。然而,它也令人感到自由。在我工作時,我們在衡量選擇、下定決心、或合理化選項時,那個靜不下來、嘮叨聒噪的聲音,都變得沉默無聲了;因為我的工作裡沒有甚麼需要討論的,所有的事情都有人幫我全部規定好了。因此,我經常發現自己享受著一個穿越白天所有發生過之事件的自由飛行:我的心靈隨著**自由之河**漂流而下。當然,當我下班後,走出醫院大門踏入夜晚清新的空氣中時,我也取回了自己選擇的自由,而那個感覺同樣很棒。但我也珍視在醫院上班時,讓我繁亂的心靈能夠休憩的那幾個寧靜的小時。

拋光的石頭

我們神奇花園裡的下一個特色就是一顆美麗的拋光石頭。為了瞭解其意涵,讓我們先把注意力轉向位於賓州的一個小鎮和一名叫做菲爾・康納斯的電視氣象學者—— 那是在哈洛德・雷米斯的經典電影《今天暫時停止》裡的一個憤世嫉俗的角色,由比爾・莫瑞扮演。康納斯被派到彭克斯塔尼鎮去報導一年一度的土撥鼠日慶典,而那隻毛茸茸的小東西將預測春天是否會在六個星期後降臨。憤世嫉俗又玩世不恭的康納斯幾乎藏不住自己對那個節慶、小鎮裡的人們、以及整體生活的鄙視。但第二天他醒來時,竟然還是土撥鼠日。

每一件事情都跟前一天一模一樣，彷彿影片倒帶重播一般。

當康納斯問鎮上的人們時，他們困惑的反應加重了他的疑慮。他越來越感到驚慌，不知道究竟發生了甚麼事。他的問題也讓小鎮的人們大為驚奇，因為他們都是第一次過那一天。只有康納斯受到那無法解釋的重複之詛咒。然後，第二天，又是土撥鼠日。接下來的一天，又一天，都是。最後，當康納斯瞭解自己可以想做甚麼就做甚麼而且不必負責任時，他最初的震驚很快就被恣意的享樂主義取代──搶劫銀行、駕駛偷來的車兜風、一連串的一夜情等。每一個早晨，時間倒回，他不需承擔任何結果。但是，這個放蕩的自我滿足開始變得乏味。他所做的事情，沒有一件是重要的。在絕望又走投無路之下，他想逃離一切並決定自殺。但是每次自殺後，他只是又在土撥鼠日那天醒來。

電影迷喜愛這部電影所展現的魅力與機智，但它也受到了某些意料外的人士之青睞。例如，天主教徒將康那斯的時間循環詮釋為一種對煉獄的描述──也就是，在一個罪人獲得進入天堂所需的「滌罪」前，他所必須忍受的一種狀態。與此有些類似的是佛教徒的觀點；他們將這部電影視為一則寓言，象徵著出生、死亡、以及再生的永無止盡的循環，而所有人都身陷其中直到我們能夠獲得覺悟為止。心理學家們則比較沒那麼形而上；他們建議說，這部電影要告訴我們的是：除非我們開始檢討自己並努力成為更好的人──並非為了這種進步本身所可能帶來的回報或身份，而是為了這件事

情本身之緣故——否則我們永遠不會快樂。康納斯最後想到，他其實可以「善用」自己所得來的重複時間。於是，他學習彈鋼琴、成為了一個冰雕專家、甚至挽救了許多條人命。但他所不知道的是，這些個人發展及良善的行為最終將容許他逃離煉獄，只不過關鍵點是，他必須「每天」做那些事。沒錯，檢討自己、改善自己，都需要**重複**為之。我們不能靠著三心二意或一次性行動，就能變成一個較好的人。個人的成長需要持續努力與耐心累積，就像我們花園中的那顆石頭，只有經過規律的、一絲不苟的拋光，才能讓它散發出美麗的光芒。

　　你可能會覺得這種重複性的活動肯定很無聊。的確有此可能，至少一開始的時候。例如，就像所有曾經努力學過某一種樂器的人都會告訴你的，每天按表操練是極其枯燥的事。我在少年時期開始學習吉他；當時，我最想要的就是讓我的手指頭能像閃電般地在吉他的指板上迅速來回彈奏，就像天才吉他手亨德里克斯那樣。然而我知道，頭幾個月我必須艱難地、單調地練習我的琶音，因為只有透過這種重複練習，我才能擁有那般卓越的技巧（雖然我最終並沒有太厲害）。麥爾坎·葛拉威爾在參考了安德斯·艾利克森的研究成果後，曾透過他自己的「一萬小時定律」[12]推廣了這個理念[13]。從1960到1964年，披頭四合唱團在漢堡練習並做了超過1200場的表演，而那些努力讓他們累積了超過一萬個小時的演出時間。比爾·蓋茲在高中時也曾因為意外接觸到電

腦，而使得他在成年前就已經累積了至少一萬個小時的程式
設計經驗。葛拉威爾自己則是在十年的記者生涯中逐步累積
了這個數字的寫作時間。好吧，「一萬」這個明確的數
字——大約每周二十小時，連續十年——也許有點武斷，但
葛拉威爾所傳達的基本訊息卻不容置疑：在任何領域裡，若
想要獲得超越自己天生才華的卓越表現，那麼就一定得用功
學習並持續練習一段相當長的時間。我們甚至可以主張說：
卓越，是忍受重複之無聊後的獎賞。

但事情並非到此為止，因為重複也可能有機會變得不再無
聊。沒錯，重複本身可能會變成一種藝術，或甚至，如同米哈
里・契克森米哈所發現的，成為我們生命中的亮點之一[14]。契
克森米哈的實驗目的是：他想要知道人們覺得最值得做的活
動是甚麼。他給參與實驗的每一個志願者準備了一個呼叫器
（該實驗始於1980年代），並在接下來的幾周陸陸續續地給
他們傳送訊息。根據訊息的提示，參與者必須記錄當下那個
確切的時刻他們正在做甚麼，並就其所帶來的樂趣，給予從1
到10的評量分數。契克森米哈發現，參與者最享受的活動大
部分是那些需要技巧且其困難度完全符合他們執行該任務時
所需的能力的。那些活動的範圍很廣——從某鋼琴家練習彈
奏一首奏鳴曲，到某攀岩者解決一條非常棘手的路線等——
但每一位參與者都報告說，在重複的練習中，他們最能感受
到全神貫注的喜悅。他們的專注度如此之高，甚至忘了時
間、忘了平時該做的事、變得完全沉浸在當下自己所從事的

任務上。契克森米哈給這種令人著迷的意識狀態——類似前一章我們所討論的高峰經驗——取了一個名稱，叫做：「心流」。

　　任何人只要在某種特別的技能上下過足夠的功夫和努力，不管工作或嗜好，就都會很熟悉這種存在的狀態。也許你喜愛跑步或游泳；這兩種運動都意味著重複性，因為你需要一次又一次地做同樣的肌肉動作。這兩種運動也都可能讓你覺得很乏味，至少一開始的時候。例如，我經常去游泳，每次游了幾個來回後，我的內心就會開始對在水道裡游來游去的無趣厭煩起來。牆上的鐘似乎越走越慢，我給自己規定的一個小時似乎永無止盡。我經常懷疑我可能連十分鐘都耐不住。但最後，我通常能夠跨越無聊的門檻；規律的動作會帶我進入一種「化境」，而我也會與那個動作合而為一。一開始顯得無聊的那個重複性動作，開始有了轉化功能。我再也不是從事著某種活動的一個個體，而是在一個人、地、任務一起流動的無縫融合的過程裡。

　　因此，藉由重複，我們不僅拋光了自己那顆性格的頑石，使其發出光芒，更學會了珍視拋光這個動作本身。同樣的啟發也可以在下一個驚奇之源找到：**鑽石礦**。

鑽石礦

實驗音樂家約翰‧凱基曾經說過：「如果你覺得某件事做了兩分鐘後很無聊，那麼就試試四分鐘。如果仍然無聊，那就試試八分鐘。接下來十六分鐘。再接下來三十二分鐘。最後，你就會發現它一點都不無聊了。」[15] 對本章的中心主旨而言，這個描述再完美不過了。沒有任何東西在本質上是無聊的。無聊之所以產生，只是因為我們的先入之見，因為我們將某件事情已經預判為無聊。但我們的判斷是可以改變的，而如果能夠改變的話，那就好像在某條泥巴路旁發現了一處鑽石礦。礦裡藏著許多寶石——我們之前從未預料過能夠發現的寶石。

想像你自己展開了一個期待已久的假期，要到某個著名的觀光勝地去。一路上你經過了許多小鎮和村落，但你並未對它們多加注意，因為你一心一意地要抵達你的目的地。假使要你猜一猜的話，你可能會說，那些地方肯定都蠻無聊的。然後，就在你進入某個不起眼的村落時，你的車子忽然抖動了幾下，拋錨了。你打開引擎蓋檢查，發現除非找修車廠的人來，否則你的車是沒辦法再開動了。此外，那是暑假中的某個星期五的黃昏，而那意味著你至少得等上三天。這下你卡住了。你豪華的度假計畫成了泡影。

乍看，這似乎是個慘劇。你需要喝些飲料，於是走進了附近的一家酒吧。一群老者坐在角落裡，享受著大杯的啤

酒，不過那無助於減緩你覺得這個周末可能會很乏味的焦慮。然後，你又看了他們一眼。從年紀看來，他們可能是二次大戰的退伍老兵，因為非凡的勇氣和運氣，從戰爭的恐怖裡存活下來。他們活過了搖擺的六十年代、冷戰時期、和太空競賽。你開始想像他們可能會告訴你的故事，然後忽然瞭解，你根本不需想像。你向他們走過去，跟他們解釋你的困境，而他們邀請你加入他們。三個小時後，你在聽了許多充滿勇氣、冒險、驚奇、心碎、事實與（可能）頗多杜撰的故事後，走出了酒吧。那些老人是鑽石。

那個場景並沒有甚麼不尋常——只要我們願意，幾乎任何事情都可以變得有趣。人類的心智就像一個有動作感應快門的相機，在一觸即發的狀況下即可操作，瞬時捕捉週遭忽然發生的任何動作[16]。撓抓你的手臂，然後——**咻一聲**——你的注意力便立即被吸引到那一點去。聽到外面一個很大的聲響，然後——**咻一聲**——你的專注力就馬上轉到了窗戶那邊。你的寵物狗跳到了桌上，然後——**咻一聲**——你的眼睛馬上就閃到了那隻不聽話的笨蛋身上。我們的注意力，通常在沒有太多的意識思維下，就會受到大腦所認定的奇特或突發的刺激所吸引——我們覺得需要立即去查看發生了甚麼事。這個反射性的、本能的機制，在人類整個進化史裡，扮演著非常重要的角色；它能讓我們對周遭所發生的危險，例如從草叢裡忽然竄出的毒蛇或懸崖邊崩塌的小路等，都能保持警覺。然而不幸的是，它也意味著我們往往會將熟悉的現

象歸類為無聊事件。我們所熟悉的現象當然不會如閃光燈或吵雜聲那般，讓我們的心臟瞬間狂跳並抓住我們的注意力。但是，如果你強迫自己專注在那些「比較乏味的」現象上，那麼你的心智就會發現那些隱藏在其表面下的寶石，並懂得欣賞它們的意義與重要性。你所需要做的只是掌控它們，不要讓它們像一個腎上腺素上癮的人那般，在找到下一個刺激前，不安地扭來扭去而已。

在此，回到冥想這個理念或許能對我們的理解有所助益。我並不是在給非佛教徒暗示，請他們可以直接跳到下一頁去。我們所有的人其實每天都在冥想。在其本質上，冥想的練習所指涉的，只不過是以一種好奇的、關注的、和感興趣的方式，將注意力集中在某一件事情上而已。因此，當漁人盯著釣魚線看是否有魚兒上鉤時，那是一種冥想；同然，當一個母親凝視著孩子的臉、等著它露出一個微笑時，那也是一種冥想。在正式的冥想練習裡，其唯一的不同處是：練習者駕馭這個自然的專注力，並將其導向我們通常會忽略的現象上。例如，冥想常用的其中一個技巧就是「呼吸的覺察」。在這個技巧裡，冥想者「觀看」著自己的呼吸，記錄著「呼」與「吸」這兩個動作本身——有時數著呼氣與吸氣——並試著對該過程的感受保持著敏銳度。這個技巧最立即的益處之一就是，它非常具有鎮靜效果——不像當我們生氣時，有人叫我們從一數到十那般，一點用處都沒有——但它可以比那個效果更有趣。的確，「專注」就能讓練習本身變得有趣。

　　冥想者報告說，呼吸可以成為一個很神奇的魔力之源，並且能讓他們開始察覺自己從未認知其存在的奧妙與細微之差別。它甚至可以啟發個人深刻的洞察力。例如，其中一個很普遍的效果：冥想者會領悟到「自我」——也就是，在內心深處，我們是「誰」——並不是一個固定的、靜態的、內在之物體。相反的，當冥想者覺察到呼吸複雜的動力時，他們便會開始體悟到「自我」其實是一個同樣流動的過程，一個不斷變動的內在的現象之河——從呼吸緩緩的起伏到心靈意識裡的思維大浪等。但不管冥想所能啟迪的是甚麼樣的洞察，也不管我們用甚麼方式冥想——或在寺廟內或在河岸邊——即使在最平淡的現象裡，集中注意力也能夠將其價值與趣味披露出來。此外，以這樣的方式觀看這個世界將會直接帶領我們走向神奇花園裡的下一個特點：**創意之井**。

創意之井

　　在1410年時，佛羅倫斯為了給當地大教堂增光，展開了一系列舊約聖經裡十二位人物的大型雕像之雕刻工作。半個世紀後，阿哥斯蒂諾・迪・杜丘被委以雕刻以色列第二任國王，也就是殺死巨人歌利亞的大衛之重任。杜丘在從托斯坎尼北部的採石場挖出來的一座高達六公尺的巨型大理石上，開始了這個雕刻工作。但是兩年後，不知為何原因，他拋開了工具，留下一座粗糙、不成形的大石頭，離開了自己的崗

位。那塊樣子醜怪的大理石在後來的三十五年裡都沒人碰過，陰魂不散地豎立在大教堂的工作室裡，令當地的權威人士很氣餒。在1500年時，他們決定解決這個問題，並開始找一名能夠接手完成這個工作的人。他們考慮過當時聲名卓著的達文西，但最後將工作交託給了一位才華洋溢的年輕人，時年二十六歲的米開朗基羅。據說，一開始米開朗基羅只是坐在那塊大石頭前，一連幾天瞪著它看。當有人問他為何不開始雕刻並用他的鑿子亂戳那塊大理石時，他大聲反駁那人說：「我正在工作！」他不眠不休的沉思持續了將近一個月，直到1501年九月13日那天，他終於開始雕刻。兩年多後，當他的傑作揭幕展露在眾人面前時，有人問他他是如何創造出那般超越凡塵之美的作品，他回答道：「我看到大理石裡藏著一個天使；我不斷雕刻直到將他釋放出來。」

　　創造力需要在由「無為」所提供的時間和空間裡，才能發揮，而米開朗基羅的例子正是此概念的最佳詮釋。我並不是在暗示，他在枯坐並瞪視著大理石的那一個月期間，覺得很無聊（雖然他也可能偶爾覺得無聊），但他肯定瞭解「靜止」與「沉默」經常與靈感相通。而無聊，儘管是以強制且未經選擇的方式出現，正巧給這種安靜的反思提供了釐清一切所需的空間。那麼，我們若將「無聊」視作自己內心的米開朗基羅可能從中醒來的競技場，那會發生甚麼事呢？我們是否也可能看到天使並將他們釋放？

　　「無為」與「創造力」兩者之間有極密切的關係，因為

忙碌是洞察力和啟發的敵人。一頭栽進任務裡，只會讓我們害羞的繆思女神沒有時間從陰影裡走出來。其實我們應該坐下來並稍作拖延，就像漁人耐心地等待魚兒上鉤那般，以便讓快如閃電的靈感翩翩降臨。我們在無數的創意天才身上都看到過這種過程的作用。例如年輕的亞伯特·愛因斯坦，他在完成論文並在大學求得一個教職前，就曾經花了七年的時間在瑞士專利局當一名卑微的小職員。雖然那個工作極具重複性，但那種沉悶卻也給予他的心靈一個遊蕩的機會。「狹義相對論」就是在他做著白日夢、想像自己騎著一束陽光射往宇宙邊緣時，所得來的靈感。沒錯，他就是在專利局工作期間，也就是1905年那年，創造了自己生命中所謂的「奇蹟年」；在那一年，他所發表的四篇論文不但引發了物理界的革命，也轉變了人們對這個宇宙的基本瞭解。同樣地，據說勒內·笛卡爾就是在無意識地盯著屋內某角落的一隻蒼蠅飛來撞去時，構想出了x和y——那是每一種圖表的基礎——的數學概念。

　　如同這兩位科學界巨人所演繹的，在「無聊」和「無為」的龐大空間裡，我們也許更能打造出全新且未曾預料過的連結。大部分的創造行為都不是因為某個人的腦袋裡忽然冒出了新的理念來，小說家很少發明新文字來描述自己編撰的故事，作曲家若要像變魔術般變出新音符，恐怕也要耗盡心血。事實上，小說家的技巧都是在於透過創新的方式將既存的文字串聯在一起，而音樂家也是在標準的十二音音階上

編出自己獨特的旋律來。但這些靈感,並不是僅靠著理性心智的全神貫注,就能把它們逼出來的。若是能夠這樣的話,那麼所有人都可以像打開水龍頭那般打開自己的創造力了。相反的,我們的理智必須停頓、不再亂轉,如此才能在內心深處冒出靈感的泡泡時,讓潛意識將新連結建立起來。這個「停頓」乍看也許像是無為,甚至可能是無聊;是故,理性的心智通常便會嘗試著再度啟動,並去尋找新的消遣。但我們若能強迫自己在無聊裡逗留,神奇的事情就會開始在表面下展開了。誠如尼采所說的:「對思想家及所有敏銳的心靈而言,無聊,就是順著和風快樂啟航前,那個討厭的、靈魂上的『無風之平靜』。」而他們必須忍受那個無聊,也必須等待它在自己的身上產生效果[17]。

令人震驚的是,**神經科學界也正開始在驗證這種富有詩意的、對無聊之優點的評估**。這個尖端的研究領域讓我們能窺視自己的內在空間,並探測人類大腦之前所不為人知的秘密。我們可以即時地看到這個神祕的三磅重器官(到目前為止,它是這已知的宇宙裡最複雜、最令人困惑的東西,也是我們所有的經驗與存在的源頭和本質)的脈衝活動。不久前,科學界的共識是,每當我們不專注於某個特別的意識任務時,我們的大腦就會有效地放鬆下來。後來,在2001年時,馬可斯・賴契爾注意到我們的大腦活動裡有一個不尋常的模式,它會在我們不專注於某件任務時,悄悄地開始運作。他稱這個錯綜複雜的互聯大腦區的路線,也就是這個悄

悄運作發生之所在,為「預設模式網路」[18]。從此,神經科學家們就開始探索這個神秘的「預設模式網路」,近年甚且將之連結到藝術創造力[19]、思維創造[20]、自我感覺[21]、甚至意識本身等[22]。而無聊在喚醒「預設模式網路」、令其擦出生命火花方面,似乎扮演著一個關鍵性角色[23]。當它發生時,我們的大腦便會自由自在地走進不熟悉的、雲霧籠罩的、未創造之思維的山谷裡;在那裡,我們可能會有意外的收穫並打造出全新的連結——而那正是創造力與創新的本質。

　　無聊甚至能夠藉由掀開**永恆之窗**的簾幕,來啟發我們對時間本質的洞悉。

永恆之窗

　　在小說家約瑟夫・海勒諷刺戰爭之瘋狂的傑作《第22條軍規》裡,飛行員丹巴爾的主要野心,就是讓自己盡量地活得久。而他覺得要達到這個目的的最佳方式——除了避免被砲彈射下來之外——就是培養無聊。因此,我們知道他喜愛飛靶射擊,因為「他痛恨無聊時的每一分鐘」[24]。自此,時間無限地延長。

　　在他對那些抱持懷疑論的同袍解釋自己的推想後,其中一個主張說,「也許一個冗長的生命真的需要許多令人不愉快的條件來將之填滿,如果它顯得太長的話。但在那種情況下,誰又想要長壽呢?」

「我想要。」丹巴爾回答道。

「為甚麼？」他的同袍問。

「難道有別的選擇？」[25]

　　的確，還有其他選擇嗎？也許丹巴爾是對的：將自己沉浸在無聊中，肯定是一個延長個人生命的好方式。話說回來，如同之前討論過的，無聊不見得令人不快。如果我們以正確的精神面對它，它甚至可以是驚奇與靈感的來源。但不管無聊以甚麼樣的色調呈現，當我們經驗它時，時間似乎總是過得特別慢、殘酷地延伸到無邊的天際去。「時間知覺」的研究也確認了我們從個人經驗得來的事實：當我們覺得無聊時，時鐘的指針真的會顯得好像停止不動似的，每一分、每一小時，彷彿都在以慢動作的方式移動[26]。在高興歡樂的時刻，時間會像沙子穿過我們的指間般，不知不覺地流失了；但在無聊時，時間則會遲緩地、拖著沉重的腳步前進。

　　我在大學的第一個暑假時，曾經跟幾個朋友一起遠征西藏。那個旅程充滿驚奇，炸開了我狹隘的視野。然而，每當我遙想起記憶中的那幾個月時，即便閃過我腦海的都是強烈的、色彩鮮艷的圖象——從在高峰上吃犛牛奶油，到在拉薩教一群吃吃笑著的少年喇嘛唱披頭四的歌——我最強烈的記憶之一，卻是一個極度「無聊」的經驗。當我的朋友們繼續往尼泊爾走時，我自己一個人去了中國的東岸。我要到我前一年教過英文的青島市，去打一個暑期工。但我當時做了一個可笑的決定，我想一口氣橫越那個領土廣袤的國家，而那

意思就是我必須連續坐四天的火車。此外，我為了要省錢，便選擇了一個令人痛苦的硬座，而非多付一點錢買一個臥鋪。因此，在那四天裡，我幾乎沒有睡覺。然而，跟那整個旅程的長時間和不舒適一樣糟糕的是，我**沒有事情做**。我的同伴們都往另外一個方向走了，而我沒有書、沒有音樂、沒有消磨時間的辦法。

在缺乏消遣的情況下，那四天綿延成了永恆。陷在那個令人變笨的金屬車框裡，一公里又一公里咯吱作響地越過單調的風景，我沒有「打發時間」的工具。所有的事情緩慢地爬著，時鐘的指針幾乎靜止不動，度日如年。甚至在某些時刻，火車及所有的乘客，包括我，似乎全部靜止了，所有動作都暫停了。尤其是，我開始感覺，時間似乎成為了一種有形的存在；它變成了一種堅固的、厚重的稠狀物，冒出來覆蓋住了一切——就像達利畫作裡融化的時鐘。誠然，馬丁・海德格就曾寫過：「無聊，就是時間以及我們穿越過時間的肉體經驗」[27]。他並不是將它視作一種「情緒」；他所暗示的是，無聊是一種「存在的定位」，在無聊中我們直接面對了時間的本質。約瑟夫・布羅茨基也有相同的論調；他聲稱：無聊「代表著純粹的、未稀釋的時間所具有的重複、冗長、與單調的光輝」[28]。

既然「無聊」容許我們體驗時間最內在之真實，那是否就意味著我們應該珍視它？海德格和布羅茨基都堅決認為我們應該，雖然他們所持的理由各自不同。布羅茨基強調，無

聊是我們「在無窮的時間上的一扇窗」；它讓我們從「永恆的觀點」看到自己的生命，並藉此帶領我們重新評估自己在這個宇宙的位置。經由這個崇高的立場，我們就能夠將我們日常的擔心和憂慮相對化，並將它們縮小到沒有意義的地步。我們看到自己的生命，在這個宇宙巨大且永恆的熔爐裡，只不過是一個小小的、短暫的火花，如此渺小，如此轉眼即逝，幾乎流不下任何印象。這樣的觀點既發人深省，也令人不安，並可能提示了以下這個問題：「我所做的事真的重要嗎？」另一方面，它也可能具備了無比的解放力。如果我不重要，那麼，有鑒於宇宙其不可思議的龐大本質，這些困擾我的問題，當然就更不重要了。

海德格則從另一個不同的角度來看待這個問題。他主張，我們對時間之永恆的一瞥——無聊時最常有的體驗——可以是一個超強的戰鬥號令。因此，他力勸我們要利用無聊來讓自己「甦醒」。這麼做並不是因為它披露了我們的作為不重要；恰好相反，正是因為它證明了我們的作為很重要。海德格的主要信息（擷取自永恆的觀點以及對「我們的存在太短暫」的瞭解），就是**把握光陰**，讓自己的每一分、每一秒，都有意義。

不管我們是同意布羅茨基的看法或海德格的主張，我們因為無聊而對永恆投去的一瞥，誠然給我們提供了一堂有關生存且具有轉化力的課程。同樣地，無聊也能讓我們看清自己，而藉此我們來到了神奇花園裡的最後一個特點前：**明晰之鏡**。

明晰之鏡

在公元第五世紀時，印度南方有一位王子，叫做菩提達摩。雖然他的父王很鍾愛他，他卻並不渴望政治權力或名聲。相反的，他想要追求一個靜思的生活，於是出家做了和尚。達摩的師父看見了他的潛力，便派他到中國去宣揚佛教。於是他越過邊境，進入了中國南方溫暖的區域。他所公開演示的冥想很快就為他贏得了聲望和觀見梁武帝的機會。但是，當他拒絕給梁武帝他所認為應得的贊同時，梁武帝便立即將他驅逐了。達摩冒險往北部寒冷的區域遷移，並最終在少林寺山上的洞穴裡，找到了落腳處。根據傳說，他坐在洞穴內面對著牆壁，在黑暗中做了九年的冥想。因為他對後學的影響很大，以致禪學大師們都想效法他，也坐在一睹光禿禿的石牆前，面壁冥思。

在本章剛開始時，我們曾一起想像坐在空蕩蕩的車站裡一整天，沒有任何消遣。那自己一個人坐在洞穴裡長達九年，又是甚麼樣的感覺呢？在那將近十年的光陰裡，菩提達摩究竟做了甚麼？更重要的是，他為何選擇留在洞穴裡？

這個問題帶我回到了之前我那個似乎漫無止盡的橫越中國之旅。沉浸在黏稠的時間裡給人一種詭異的感覺，但超脫那詭異感之外，我也體驗到了「遇見自己」的那種暈眩感。這樣的「遇見」在今日越來越少發生了。我們如今清醒的時刻都已經被各種各類為確保我們絕對不會無聊的小玩意給佔

據。所有通勤的人一定都很熟悉這樣的景象：車廂裡許多臉孔都被智能手機所發出的微光催眠了般，與週遭的一切全部斷了連結。我也跟其他人一樣，在去上班的火車上，查看郵件、瀏覽新聞。而我也許覺得沒有一件有趣的事，於是，我便會把手機塞回口袋裡。但是才幾分鐘，或甚至只是幾秒鐘後，有如撓著存在主義之癢般，我又拿出了手機，開始做著與之前一模一樣的搜尋。我到底想要尋獲甚麼？或者——也許這樣說更恰當——我到底想要躲避甚麼？

在橫越中國那個冗長的火車之旅裡，無聊狀態一開始很令我困擾。我經歷了不安，甚至些微驚慌。但最後，我接受了那個事實：我就是必須枯坐並**跟我自己在一起**。也許，當我們在手機裡尋找庇護時，這就是我們所想要避免的。沒錯，在我們所從事的活動中，其中有許多也許正是我們為了躲避「遇見自己」才刻意做的。但我們為甚麼這麼害怕呢？當我們在**明晰之鏡**前與自己面對面時，會發生甚麼事？

以我個人的經驗而言，在那長達一百個小時的中國火車之旅期間，我除了要前往青島這個城市外，也同時走上了一個「自我啟發」的旅程。我發現那個無聊狀態逐漸創造出了一個空白的空間，讓自己原本不熟悉的思維與覺知能夠自由進入。不再瘋狂地忙於單調的娛樂，也遠離了世俗思考的混亂伴隨——吃甚麼、穿甚麼、說甚麼、做甚麼等——我開始發現了通常隱匿的自我心靈深處的沉靜。我遇見了自己隱藏的面向——那些我從來不知道自己所具有的思維和感覺。我

穿過長時蟄伏的記憶，來自過往的片斷有如幻燈片般展現。我甚至對長久以來所構思的某些問題有了新觀點，並開始思考其可能的對策。這些自我啟發並不全都令人愉快的，而且當火車終於抵達青島時，我也感到了一種解脫的喜悅。但它們總是有用的、有價值的、甚至寶貴的。它們所包含的雖不是一個全然蘇格拉底式的「認識自己」那種自我覺知的形式，但在那四天中，我的確變得更瞭解自己些。

自此，我學會了欣賞無聊，並在某種程度上，將它視作一次次航入未知領域的機會。我並不會刻意去**尋找**無聊；但是，如果我發現自己處在一個令自己感覺無聊的狀況時，我會試著不要立即去找尋消遣之事，而是努力地藉此暫時放空。沒錯，那個沉悶可能會持續許久，但通常我會開始體驗自己顯露出來的觀察。隨著時間過去，尤其當那些觀察重複出現時，我便會開始領悟出自己思考的習慣模式，也就是我的思維習於奔馳的軌跡。例如，每當我一離開家裡，我的腦袋往往就會糾結：我擔心是否忘記鎖門或忘記關掉瓦斯等。然後，當天晚些時候，在一小段無聊狀態的時間裡，我會觀看著我那些焦慮的思維，像一條激動的魚般，在我的心智裡游來游去。不過，當我繼續觀察下去時，那些思維就會在我開始理解它們、甚至要與之為友時，逐漸變得不再那麼狂躁。我從這裡學到的是，我並不一定需要去注意那些糾結所給予我的警告：它們只是我的心靈裡不斷自動播放的唱片，而非需要我立即行動的警報。反過來說，我也曾遇見過我從

不知道自己內心所藏有的一些思維——也許是一閃而過的來自**創意之井**的靈感。這樣的洞察當然可以在忙碌及行動的時刻降臨——走路對此特別有效——但它們卻似乎更常在我覺得無聊之時出現。

不用說，我們不需坐在洞穴裡、面對一睹牆連續冥想九年，才能以這樣的方式獲得對自己的瞭解。我們甚至不需要做冥想，或者，至少不需要盤腿坐在某寺廟裡的一張蒲團上。我們只要在沒有娛樂消遣的情況下，現身在自己面前幾分鐘即可。然後，它便可能激發出一個足以建立長程旅行的理念，而那條旅程便也可能引發我們內在較深刻的啟迪。誠如奧修所言，當你專注在禪修「面牆」的冥想之時，「看著那面牆，你的思維慢慢地、慢慢地消失了，思考的動作停止了，心靈蒸發了，而最後剩下的就是你自己最可信的真實。」[29] 但是，即便這種強烈的冥想有點難以企及，我們仍能在鏡子裡短暫地瞥見自己。例如，在下班回家的車上，你第五次抑制自己去察看手機，並讓自己只是簡單地放空。這麼做或許就能展露一切：從**鑽石心靈**的寶石和**創意之井**的啟發，到穿過**永恆之窗**對存在的洞察，和我們在**明晰之鏡**裡所看到的自我理解等。

誠然，通向自我啟發的旅程可以很深很遠，但並不是只有「無聊」才能促成它的發生。事實上，當我們抵達荒涼的、寂寞的領地時，我們或許才能夠探索到更深刻的自我。而這便是我們在倒數第二章所要探討的主題：**寂寞**。

第七章

寂寞

在歷史上，人類可說從未像當今這個世代這般的緊密連結過。科技的進步，尤其是網路和手機，意味著天涯若比鄰，再遙遠的人也不過離你一通電話或按個鍵鈕的距離。然而，那並不表示我們就因此而與其他人產生了聯繫，或擁有了更多的支持與滋養。沒錯，當這些全球化的科技將人們聚集在一起的同時，它們也拉開人與人之間的距離。曾幾何時，多數人在同一個地方長大、變老，身旁環繞著可靠的親人與朋友。但現在，我們為了尋找工作、愛情、安全、或冒險等，從一個城市搬到另一個城市，甚至從一個國家遷移到另一個國家。還有一個越來越明顯的傾向：由於不斷遷徙，人們的內心反而無法感到真正的安定。家人與朋友所組成的網絡變得分散、拉遠，彼此僅靠著全球資訊網中短暫的通聯聚在一起。此外，我們雖然能夠藉由現代的科技奇蹟與自己親愛的家人朋友聯繫，但日常生活中的許多時候，諸如通

勤、吃飯、工作、或獨居等，我們仍然時時感到寂寞且隔離。即使居住在一個擁擠的聯合城市裡，數以千萬計的人們仍各自過著渺小孤單的生活。結果就是，寂寞已經成為了二十一世紀的毒藥之一。

矛盾的是，即便多數人都會說他們討厭寂寞，卻也承認他們有時也渴望孤獨。當然，這種對隔離的需求其程度和型態因人而異，且差異可能很大。最極端的例子，例如菩提達摩，像他這種苦修僧就可能會希望單獨待在洞穴裡許多年。但一個愛好群居並且個性外向的人，或許只需要偶爾一兩分鐘的寧靜和孤獨，就能累積重新回到人群所需的精力了。而不管是哪一種方式，我們至少都需要一些遠離社會責任重擔以及能夠卸下社會面具的時間和空間。我們都需要一些寧靜的綠洲，以便在回歸自我、逃離對談的忙碌混亂、或衡量互動的施與受時，找到些許平靜。所謂遠離指的不一定是形體上的撤離。有時，你只需要找一個與自己思維相處的空間，就能達到單獨的目的了。沒錯，那些關心我們的人仍可以繼續留在我們身邊，以關愛的方式陪伴，但卻又能滿足我們對這種孤獨的需求。就像你的伴侶在辛苦的一天結束時緊緊擁抱著你，但並不要求你做任何解釋或勸你把自己遇到的問題說出來般。在那種情況下，我們既能感受到關愛，又能覺得獨自一人。這種令人極度渴望的孤獨形式，有一個詞可以形容，叫做：**獨處**。

獨處跟寂寞，很不一樣。獨處是一種被尋求且珍視的孤獨；而寂寞則是被排斥並畏懼的孤獨。誠如神學家保羅·田

立克曾說的:「語言創造了『寂寞』這個詞來表達孤獨的痛苦,但也創造了『獨處』這個詞,來表達孤獨的快樂。」[1]然而,這兩種狀態彼此相距並不遠。事實上,在某些時刻,獨處甚至會默默地越過一個黑暗、不易察覺的邊界,變成了寂寞。對我們的苦修僧而言,雖然遠離社會的第一年或許看似幸福,但接下來的幾個月,他卻可能會開始感受到寂寞的冰涼蝕骨。從另一方面來說,好動之人的生命與靈魂,也許在十分鐘的隔離後,就會開始渴望與人群為伍。然而,無論我們的社交能力如何,無論我們的「侷限」如何,我們若是逾越了它,我們便會感到寂寞的痛苦。

不過,有趣的是,這個侷限對任何人來說,都並非一成不變——它會視情況而產生轉化。例如,你可能孤獨一人走過公園並在忽然間感受到一絲寂寞的刺痛。但接著,下一分鐘,一束陽光閃爍在你的臉上,你聽到鳥兒啁啾歡唱,並在空氣中嗅到玫瑰的芬芳。瞬間,你的寂寞轉化成了可貴的獨處,而你也因之對生命產生更多希望、心靈也更覺平安。

在本章我們的主要任務就是要學習如何獲得那種轉化:減輕寂寞的痛苦並將之轉化成獨處的喜悅。

從寂寞到獨處

在郊區,某個星期六懶洋洋的早晨,你在空蕩蕩的屋子裡醒來,面對著接下來一整天沉悶的黑白畫面。你沒有任何

計畫，也沒有任何朋友向你發出邀約。吃早餐時，你不由納悶自己要怎麼填滿那一整天。坐在廚房裡的餐桌旁，你忽然間開始覺得很寂寞。你獨自一個人待在屋子裡，但你的寂寞感卻比孤獨還要深刻。你感覺自己彷彿與整個世界隔離了，就好像從雷達上脫落般。你知道你的朋友和你所愛的人都很關心你，但由於某些原因，你覺得自己現在不想跟他們聯繫。當下你唯一的選擇就是出門去走走，於是你決定到市區去。在市區裡至少你能做的事情很多，而且與人群為伍，也許你會覺得不錯。

你慢慢走到車站去，有點茫然地站在月台上。與你同時在等車的，是幾個跟你一樣迷失的靈魂。你上了車，開始往市中心奔去。火車每停一站，就有更多的乘客湧進車廂來，而他們交談的聲量越來越大，至少十幾種語言同時在你耳邊嗡嗡作響。當車廂裡擠得像沙丁魚時，你開始覺得有點幽閉恐怖，因此當你終於抵達目的地時，你覺得很感恩。下車後，你鬆了一口氣，用力呼吸著新鮮空氣。但在街上，人群似乎更擁擠——洶湧的人潮掃過你身邊，一張又一張陌生的臉孔。沒有人看你一眼：每個人不是成雙成對，就是一群一群的，或者盯著自己的手機，或者下定決心似地埋頭往前走。你覺得自己好像隱形人，你經過所有那些人的生命，但卻沒人看見你。你彷彿不存在似的。這時，如果有甚麼不同的話，那就是你的寂寞感比起你之前獨自在家裡時還要深刻。那些全然不相關的臉孔只是強化了你與人群的隔離感而

已。你在那茫茫人海裡，覺得自己完全喪失了連結。

但後來，那一天忽然轉好了。某個朋友打電話給你，或許是要邀請你在那天晚上出去喝一杯，或是要告訴你有關他們下禮拜要舉辦的派對。或是因為某個陌生人剛好往你的方向看，並給了你一個微笑。或是街上某個櫥窗裡耶誕節的裝飾，讓你想起來自己已經好幾個月沒回去看爸媽了。或者是你經過一家旅行社時，幻想起到國外去旅行的事。或者是你看到了一個真的很有才華的街頭藝人，或者是一個救世軍的合唱團在唱聖誕歌曲，或是走進了一家你之前從未參觀過的現代藝廊。忽然之間人潮似乎全都變得溫和起來，不再那麼令人感到壓迫。雖然你仍然不認識他們，但是當你開始感受到普遍的人性溫暖時，你就不再感到那麼樣的疏離了。也許你在藝廊裡看著四周其他的參觀者，他們全都專注地觀賞著牆上的畫作，努力地要弄懂那些作品想要傳達的寓意。這時，你甚至可能會開始感謝你能夠獨自在那裡。你有時間和空間讓自己的思維浮現，讓你能好好地去體會你對那些藝術創作的感受。你也可能很慶幸，能在那一天做一件有價值的事。即使你的四周仍然圍繞著許多你不認識的人，但你的寂寞感已經轉化成了獨處的快樂：你當下很滿意自己的孤獨。

誠如以上場景所透露，他人的存在與否，對無論獨處或寂寞而言，其影響都微乎其微。兩者都是一種心靈狀態。假如你在人群中，自己內心感到快樂且不覺得需要與周遭的人群互動，那麼它就是怡然自得的獨處狀態。

在回家的車上，即使同車之人對你的反應跟當天早上你所經歷的一模一樣，你卻不再感到寂寞或覺得自己渺小不起眼了。現在，你不在乎有沒有人關注你或會否給你一個微笑，因為你的心靈，在畫廊或照亮你那一天的任何事情裡找到平靜後，只覺得安然自在。事實上，你甚至渴望更大的獨處空間，遠離所有的喧囂。因此，當你到站時，你很高興。你散步回家，並且能夠真正平靜地與自己獨處。

轉化寂寞為獨處

寂寞與獨處，只不過是看待同一個狀況的兩種對照方式。一方面，那意味著平靜的獨處有著沉入較黑暗的寂寞的領域之風險；但另一方面，它也表示我們擁有將寂寞轉化為獨處的潛力。當我們感到寂寞時，我們可能就會開始聽見自己在與人為伍時，經常會忽略掉的那些意圖與催促的喧囂聲。因為，我們個性中的這些層面，在我們處於人群中時可能不願意浮現。但是，如果它們能夠在寂寞所提供的空間裡想辦法為人所傾聽，那麼它們就會證明自己其實是很寶貴的資產，能夠帶領人們走向幸福的人生。的確，我們會發現，當這些內在的元素率先發出聲音之時，痛苦的寂寞在那一刻也就會開始轉化成怡然的獨處。

本章包含六個比喻性人物，第一個跟其他五個有點不一樣。前文曾提及，我們的主要目的就是將寂寞的痛苦轉化成

獨處的平靜。這需要學習欣賞孤獨及其潛在的價值和美麗，而非不斷地去尋找同伴，想藉此「解決」它。不過，有時候，僅僅靠著往外去與他人產生連結以減緩寂寞感，卻是可行的。有鑑於這一點，我們的第一個人物就叫做**關係製造者**：他給我們放手一博的勇氣，並鼓勵我們跳出自己的舒適圈，去與陌生人打造新關係。然而，其他時候，無論出於甚麼原因，我們就是無法這麼做。這時，其他的人物就會幫助我們，將寂寞轉化成寶貴的獨處。

第二個人物是**自由思想家**。孤單通常會啟發我們獨立思考的能力，降低我們被大眾支配的傾向，有助我們留意自己真正理性思維的召喚。同樣地，我們只有在孤獨時才能夠真正調整自己最深刻的感情，而**靈魂歌詠者**不但能反思這個觀點，並且能將之表達。下一個則是**戰士**；當我們被迫孤軍奮戰時，我們就會發現自己有多強壯、勇敢，而**戰士**的功能就是去捕捉這個概念。在獨立戰鬥的情況下，我們通常會發掘出自己從未有過的剛毅和勇氣。

接著，我們將隨著倒數第二個人物進入比較神秘的範疇。**光之追尋者**會帶領我們進入靈魂較為崇高的領域裡——但只有在我們願意從這世界撤離一步，並拋開傳統的包袱下才能夠發生。最後，當我們遇見夢幻的**觀星者**時，我們的靈性注視就會轉向外界；而這時，我們會對自然世界的壯麗開發出一種深刻的讚賞，甚至尊敬。

然而，在我們學會如何將寂寞轉化成怡然自得的獨處

前，讓我們先探索一個簡單的權宜之策，那就是：藉由與他人產生連結，來減緩寂寞的痛苦。

關係製造者

在我二十幾歲時，我經常自己一個人去度假。那些假期多半不是狂野的、遙不可及的冒險之旅——相反的，通常只是趁著廉航票價折扣時，去法國待一兩個星期。那些假期也不是為了狂亂的出逃所需而去。基本上，我喜歡我在愛丁堡的日子：跟我的樂團廝混，享受一群好朋友在一起時的夥伴情誼。那些行程真的只是短暫的抽離，從生命之河中稍微離開一小段時間罷了。我會待在地中海沿岸某個灰撲撲的營地，晚上睡在一輛小拖車裡。那些地方遠到能夠讓我覺得與世隔離，卻又在散步幾分鐘就能找到一家好超市的範圍裡。當我在那裡時，我總是能找到對我的靈魂有所助益的獨處，並接獲「孤獨」所遞送過來的珍貴禮物。我誰也不認識，在附近古老城鎮鋪著鵝卵石的街道上，隨意地四處遊蕩。我的思維在我內心裡有了冒出來的空間，而我也有時間將它們譜成歌曲，回國後將之呈現給我樂團的同伴們。當我安靜地坐在海邊、內心充滿潮汐溫柔的拍打時，我內在的**觀星者**便會從自然世界的愉悅中展露出來。整體而言，我喜歡我那些短小的旅程。

但似乎也不盡然。即便我刻意尋找並珍惜那些獨處的時光，有時候，孤獨也會越過那條黑暗的線，溜進了寂寞的領

域裡。白天時，地中海的陽光會讓每樣事物都閃閃發亮，因此我通常過得還不錯。但只要夜幕降臨，我的孤獨就會變得比較惱人、沒那麼討人喜歡了。如果我聽到營地上其他度假的人一起吃東西、嬉鬧的聲音，那股黑暗就會對我產生壓迫感，而我也會開始渴望有人作伴。這時，我便會走向海灘。那裡總是有一群一群的年輕人圍著營火喝酒、玩笑、或唱著馬奴・喬和鮑伯・馬里的歌。我渴望加入他們，但我不是那種能夠走向一群陌生人並向他們做自我介紹的人。當然我也不是那種會可憐兮兮從人群裡悄悄溜走的人。因此，我會找一些藉口，然後隨便與其中一個人攀談起來。也許我會問他是否有啤酒開罐器，或向他借個火點菸之類的。有時候，這種搭訕會受到溫暖的歡迎，而我就會坐下來，跟他們廝混個一兩個小時。有時，不過才十分鐘，我就會覺得自己好像待太久了。然而，即便如此，那十分鐘也夠滿足我與人群接觸的需要，而我也會多少獲得補充，或因為自己做了努力而至少感到很快樂。

如前文所提，本章所關注的主要就是如何將寂寞轉化成怡然的獨處。假如你感到寂寞，那麼跟你說「唉，出門去找人玩吧」，通常是沒有甚麼用的，因為你就是有這樣的困難才會造成這個問題。規勸寂寞的人把自己變得擅長交際，那基本上跟告訴悲傷的人說「噢，拜託，你可不可以開心一點」一樣，既無效也不恰當。不過，在某些狀況下，我們可接受鼓勵，向外伸出觸角，並藉由努力去與陌生人建立連結而解決寂寞的問題。這通常需要你以某種方式走出自己的舒

適圈，並採取可能連你自己都不熟悉的自信與膽識。當然，這不是一個容易的任務，但我們可以掌控自己的寂寞，將之轉換成一種力量，用它來督促我們去冒險並積極踏出困難的「製造關係」的第一步。例如，你也許會跟一個你從未與之講過話的人開始交談，就像我在海灘上跟其他度假者攀談那般。如果你是逼迫自己去參加某些具有組織性的互動，如讀書會或舞蹈課等，那麼事情通常會容易些。在那類活動裡，與陌生人互動的尷尬會因為你們有共同的興趣而減少。對較年長的人來說，與孫子輩保持聯繫則可能需要先練習某些一開始可能較不熟稔的竅門。至於那些想尋找情愛關係的人（尤其是已經厭倦等待真命天子或天女出現的人），他們或許可以試試到約會網站註冊。

後面這兩個例子描繪了人類如何靈巧地解決寂寞。沒錯，人們在掌握技術革新並用它們來滿足我們對互動的需求，其技巧是越來越嫻熟了——即使互動的對象有時可能並非人類。例如，日本有一家公司最近推出了一隻可愛且渾身毛茸茸的療癒機器海豹，名字叫做帕羅。它會栩栩如生地回應人類的溫暖和感情，例如發出嗚嗚聲並迷迷糊糊地閉上眼睛等，而它的電子大腦則會持續從它與人類的互動中收集訊息，以便開發對其主人性格輪廓的瞭解並增加自己的可愛度。有些人對於將人類的感情轉投到一個電子對象身上這種事，可能會覺得畏縮，但這種發明對解決孤立的問題而言，卻是一種強效的良方。在臨床實驗裡，研究人員發現，帕羅

能夠減低正在從重病中恢復的老年人的寂寞感並促進他們的健康[2]。既然這種電子產品有如此大的功效——尤其在日本這種正在老化且寂寞人口越來越多的國家——那為何不好好利用它呢？對某些人來說，它跟其他非人類的陪伴並無太大的不同，例如狗或貓所能提供給人類的持久的友誼和感情。

所以，我們的寂寞有時候是可以減輕的。接受自己內在**關係製造者**的鼓勵，我們也許就有勇氣伸出觸角去與他人做連結。此外，寂寞的經驗也可以增加我們對關係製造這件事本身的感謝，不論是與友人或與陌生人。例如，我在法國度假期間便瞭解到——一半懊惱、一半寬心——原來我並沒有自以為的那麼獨立、自足、或能獨處。與作為一個獨行者的浪漫觀念正相反的，我清楚地明白到，在我的生命中我有多麼需要其他人。因此，我很感謝我在穿梭大街小巷或在海灘散步時所遇到的任何新朋友；更感謝當我回家時，以熱情、仁慈、和關愛的臉龐歡迎我回家的親人與朋友。遠離他們的那段時間，我學會了真正感謝他們對我所具有的意義。

不過有時候，我們對於寂寞也許並沒有立時的社交「解決方案」，也沒有立刻回到親愛之人的懷抱的簡易途徑。在這些狀況下，如本章接下來所要探討的，我們的任務就是如何將寂寞轉化成比較平和的獨處狀態。這需要你對某些事情有所瞭解：偉大的價值所隱含的某些特質與力量，只有當我們孤獨時才有浮現並茁壯的空間。這些特質的第一個就是：**自由思想家**。

自由思想家

　　某研究團隊邀請你參加一個有關「視覺判斷」的實驗。你跟另外七名參與者坐在一間不起眼的房間裡。你要完成的任務聽起來似乎有點簡單幼稚。研究人員拿起一張卡片，上面畫著三條長短不一的線和一條對照線。所有參與者要做的就是指出哪一條線和對照線的長度一樣。乍看之下，答案似乎很明顯：是第二條線。你放鬆地靠回椅背，準備好輪到你時說出答案。所有參與者圍著一張圓桌而坐，研究人員則從你左邊的那個人開始，然後以順時鐘的方向進行，換言之，你將是最後一個回答問題的人。一個接一個，每一名參與者都堅持說是第三條。在第四位參與者說出答案後，你忍不住再看了卡片一眼。答案根本**不可能**是第三條線！到底發生了甚麼事？當第五名參與者回答說第三條時，你內心充滿疑惑，甚至開始出現了一絲恐慌。你**知道**那些人都錯了……或至少你**認為**他們是錯的（懷疑開始在你心裡滋生）。其實，其他七名參與者都是被雇來刻意給出錯誤答案的臨時演員。你是他們當中唯一一個真正的實驗參與者。但你並不知情。那麼，當終於輪到你時，你會怎麼回答？

　　過去幾個世紀以來，許多作家和哲學家都曾對「為群體思維所蒙騙」這種危機提出嚴重的警告。譬如馬丁・海德格就認為，我們的「存在」其中絕大部分都是由他稱之為「人人」（the They）的這個元素所架構並決定的[3]。「人人」這

個詞雖然令人寒毛豎立，但它並非完全具有貶意。海德格承認我們都是社會性動物，因此我們一般的觀念與價值——也就是我們共同的「視野」——都是讓我們具備人性的基本面向。但他也的確主張，墮入此種存在模式的傾向，可能是個大問題，因為那意味著我們比較不會自己做選擇並為自己的選擇承擔責任。在〈愧疚〉那一章裡，我們從史丹利·米爾葛蘭姆所做的電擊實驗裡就已經知道，將決定權讓與佔主導性的他人，是一件多麼危險的事。同樣地，我們默認「人人」的意志的傾向——即便我們知道它是錯的——也在我們上面所描述的那個線條判斷實驗裡彰顯出來。這個實驗是在1951年時由另一位二戰後心理學大師所羅門·艾希所設計[4]。米爾葛蘭姆所探索的是**服從**的潛在摧毀後果，而艾希則將研究重點集中在**從眾**現象這個同樣嚴肅的問題。驚人的是，他發現大約70%的參與者會遵循多數人的意見。有時，群體共識會讓那名真正的參與者糾正自己的看法和認知，偶爾甚至會讓他懷疑自己神智的健全。有時，他們之所以順應，是因為他們害怕如果不這麼做的話，會受到社會的懲罰——例如受到嘲弄或甚至摒棄。不論是前者或後者，海德格都會控訴這些從眾的參與者，並暗示這種人的行為「不可靠」。

有鑒於艾希的研究結果——及海德格的憂慮——孤獨的第一個主要益處就是：我們比較不會做出從眾的行為。遠離他人的意見、要求、及判斷的喧囂聲，我們更能聽見自己內在的聲音並遵循自己的道路。套一句扣人心弦的現代名言：

我們擁有活出更**真實**人生的自由。「真實」是個強大的理念，其歷史既長遠且卓越。十八世紀法國哲學家尚·雅克·盧梭就曾將「渴求新模式的自我瞭解」這個概念推介給自己的國家（事實上是整個歐洲）。在他的《懺悔錄》出版前[5]，只有宗教人物，例如聖奧古斯汀，曾經想過寫自己的傳記。因此，盧梭出版自己的人生故事，在當時是一個令人震驚的新嘗試──它突顯了對每一個人來說都很重要的自省、本質、和自知之明的追尋。這些特質後來都在現代人所強調的自我認同的架構裡，扮演了極關鍵性的角色[6]。受到如盧梭這般傑出人物的鼓勵，我們學會了欣賞「遵循自己的熱情以便發揮自己才華」的重要性（也就是在〈羨慕〉那一章由**開創者**所體現的那個比喻性人物）。此外，像艾希這樣的學者，也早已指出未能對自己保持純真的危險。

　　許多知名人物，例如重要的詩人兼哲學家亨利·大衛·梭羅，都曾聽從此號角的召喚去追尋自己思想上的真實與自由。在1845年時，梭羅為後世所熟知地「走入森林裡」去追求一個簡單的生活。他在渥登湖畔的一棟小茅屋裡住了兩年。（雖然，不可否認，他經常去拜訪他住在附近的母親，請她幫忙處理髒衣服！）為了努力「活出生命之深刻及吸出生命之精髓」，他將自己沉浸在孤獨及大自然純粹的美麗中。因此，他所體現的正是我們在下幾節裡將會遇到的**觀星者**。然而，他的重要性更在於他與世隔離期間所塑造並強調（誠然也是他終生所持續強調的）獨立思考。譬如，他是一

位態度堅決的廢奴主義者，曾因1850年的「逃奴法」而大聲公開抗議。那條法案要求北方各州──包括他所住的那一州，新英格蘭──捕捉任何從南方逃到北方的奴隸，並將他們遣送回給他們的「主人」。梭羅認為公民有拒絕參與這種由國家所認可之不公不義的道德責任。最後，他發誓除非政府廢除該條法案，否則他終生不會再繳稅──幾十年後，聖雄甘地頌揚他這樣的抗議之舉，並將之作為自己消極抵抗強權的典範。

所以，孤獨給予我們內在的**自由思想家**一個生根、發展，並聲張其獨立性的機會。同時，它也給我們的靈魂提供了引吭高歌的時間和空間。

靈魂歌詠者

路德維希・范・貝多芬二十六歲時，耳朵就開始聽不見了。從此，他緩慢又不可抵擋地墜入靜默中。按理說這是他個人也是事業上的悲劇，然而，他的才華並未因之懸置。相反的，許多音樂理論家都曾表示，耳聾可能讓貝多芬更能盡情發揮，並達到若聽力未受損的話也許都無法達到的事業巔峰。在前一章裡，我們知道，無聊所強制造成的龐大空間或許有助我們擦出創意的火花。同樣地，獨處似乎也能夠幫我們誘出隱身在陰影中的靈感女神。就好像，因為與世隔離，我們反而能夠聽見自己內在所散發出來的極細微的天籟之

音。那般美麗的樂音在群眾的喧囂中只會被淹沒了。貝多芬因為逐漸耳聾而導致與人隔離，反而讓他的創作天份達到了一個全新、史無前例的高度。套一句馬丁‧庫柏的話就是：我們的音樂家因為耳朵全聾，故只能跟自己交流，而其唯一關注的也只有「自己思維的純淨本質」[7]。同樣地，安東尼‧史托爾在他那本傑出的作品《孤獨》[8]（本章諸多靈感的來源）裡也曾提到，法蘭茲‧卡夫卡需要全然的隔離才能專心寫作。的確，這位具有狂野想像力的捷克作家曾對他的未婚妻如此描述：「書寫意味著一個人將自己披露殆盡……那就是為何當一個人寫作時，他怎麼樣孤獨都不夠……夜晚對他來說總是不夠長。」[9]

然而，當人們想要表達自己最深刻的感情及渴望時，就不是只有藝術家才發現孤獨是無價之寶。我們都有自己的歌要唱，而且，在我們覺得有能力引吭高歌前，我們可能都需要藉由遠離人群，將自己從害怕、尷尬、和義務中抽離。的確，盧梭認為，社會在自我表達這件事上加諸了可怕的約束。當然，其中某些約束是必要的。為了抑止人們的原始本能與性格傾向，社會必須制定法案並發展規範。而這麼做是有道理的。假如每個人都能隨心所欲，那麼人類文明很快就要崩潰瓦解了。然而，社會對自我表達的禁止與排斥卻遠超過維持秩序之所需，甚至連最善意的活動都經常受到限制。

我的博士研究所專攻的是冥想對人們精神健康的影響。我從佛學中心招募了一群參與者，然後請他們分享自己的人

生故事。我想要知道他們一開始為何會嘗試冥想的原因，以及冥想對他們所造成的影響。由於我自己也是一個冥想者，因此我預期他們會讚揚這個練習的好處，而他們也的確對它大加讚賞[10]。然而，更叫我觸動的卻是他們在嘗試冥想前的人生曾經有多艱難[11]。我們經常聽到一個說法：男人是情感真空的動物，他們「與自己的感覺並沒有真正的聯結」。這說法或許有某種程度的真實性，但研究卻指出其中更具體的真相：男性經常覺得自己被迫去符合某些社會期許，例如「身為男子應該強壯且堅忍」等[12]。我的受訪者都生動地描述，要完成「男孩不能哭」這樣的指令，給他們帶來的壓力有多大。不論是憶及中學一年級上學的第一天，或師長不斷要求他們的行為要「像一個男孩」，他們的詮釋都是：情感的壓抑是日常生活中不可或缺的一部分。他們不被容許感覺脆弱、展露情緒、或痛哭流涕。這些「條條框框」創造出了一具感情枷鎖，逐步摧毀了他們的生機。結果就是，他們之中有許多人，在與壓抑的情緒奮力掙扎之時，都曾經歷了某些精神健康的問題。而他們也都是在走投無路轉而求助於冥想時，才終於找到了某種解決之道。

我們將在最後一章進一步討論這些男性特有的黑暗之旅，但在此我們的中心主旨是：抑制情感的表達可能造成極大的傷害。每一個人多少都受到社會期許的壓迫，因為它總是在這方面或那方面指示我們**應該**如何感受和行動。因此，將自己從這種壓迫抽離或許能讓我們回復生機。我的研究參

與者對我描述說，當他們終於能夠表達自己的情緒時（或許對其信賴的伴侶），他們感到多麼地輕鬆和解脫。那些珍貴的時刻具有超強的復原力，彷彿一條曾經受到截堵的河流如今打開了缺口，而其澎湃的河水終於能夠自由地奔向大海般。這就是孤獨的第二個益處：它釋放我們，讓我們能夠表達自己最深刻的感情，並拆除我們常常為了符合社會期許而刻意維持的外觀。

想像某個人悲哀地被迫進入一段孤單的狀態裡。一點都不是那種熱愛獨自冒險之人所特有的流浪癖，而是渴望有人陪伴的那種比較尋常的悽慘狀況——譬如一個單親媽媽，看著自己最小的孩子離家去上大學，而她孤單地留在了老家。屋子裡原本充滿活力和青春的笑聲，但如今只有靜默和淡去的回憶。這是一個相當憂鬱的情境，但除此之外，其中一定也還有其他一些甚麼吧。這個母親可能回想著她多年來的犧牲：為了提供家人所需，她總是把自己的需要和渴望丟在一邊——她擱置的夢想和野心、她無法大聲唱出的歌、她無法寫成的書、她沒時間去探訪的地方等。也許她已經太久沒有傾聽自己內在的聲音了，以致她都忘了那聲音的美妙。一開始，那靜默可能令她覺得不安和不適。但是當她開始調整並適應後，她可能就會察覺到那個聲音裡的第一道微弱的呢喃，而其所傳達的正是她內心中已經沉睡了幾十年的個人特質。這可能會導向未曾預期的冒險，但她會在其中找到**全新**的熱情和夢想（或再度找回**舊往**的熱情與夢想）。雖然她對

孩子一個個離去仍然感到悲傷，但那些熱情與夢想卻可能幫助她重新找回自己生命中該有的一些成就。在寂寞中，她甚至可能會意外地發現自己豐沛的力量和勇氣之源。有了這個，接下來我們要遇見的就是：戰士。

戰士

我一直喜歡單獨運動。我幾乎每天都會穿上我那雙破舊的球鞋，沿著牛津的河流和運河跑步。這運動讓我能夠從都市的繁忙中悄悄溜出來，進入一個不一樣的存在領域；在那裡，只有我和我翻飛的思維在大自然空曠的空間裡奔馳。跑步時我會從不同的角度觀察生命，從中汲取力量，然後再神清氣爽地回家。這個運動的其中一部份吸引力，就在於測試我自己的耐力，看看我究竟能跑多遠，或跑多快。我並不是個受虐狂，不會把自己的身體逼到極限，但我的確會努力拓展自己的潛能，想知道我的精力最終能將我帶到多遠的地方去。

然而，比起某些勇敢且堅毅的人所曾經完成的目標，我短暫闖入耐力世界的成果其實無足輕重。譬如我很榮幸認識的一位年輕的女性朋友，她曾大膽無畏地給自己規劃了一個獨力環繞地球一周的任務；而那包括克服當她獨力划著船、一公里接著一公里橫越幾個大洋時，她肯定會感受到的極大的脆弱感。的確，當她坐在一艘比一般房車大不了多少的小船裡、漂浮在深不可測且危機四伏的海上時，曾經面對過許

多次瀕臨死亡的經驗。有一次，她陷在一個猛烈的熱帶暴風圈裡，二十幾公尺高的巨浪將她的船打翻了。在那個旅程中，她將自己的精神及肉體的耐力推至極限的次數，比起多數人一輩子所經歷的加起來還要多。

我們常常無法體會人類精神中不可思議的彈性，也忘了人類是能夠咬緊牙關、下定決心，做出令人驚嘆的事。就以史提夫・卡拉漢的驚人故事為例。他駕著一艘二十一呎長的單桅帆船，準備橫越大西洋。他的帆船取了一個很恰當的名字，就叫做：**拿破崙獨航**。啟程一週後，他的船撞上了水裡的一個東西，大概是鯨魚，於是帆船在吃水線下的地方破了一個洞。由於無法補那個洞，卡拉漢只好坐進了他那艘只有六呎長的小救生艇。救生艇所能裝載的水與食物只夠他支撐三天。他在那艘小救生艇裡漂流了二十六天後，終於被一群漁人打撈上來，那時他已經只剩下一口氣了。在那二十六天中，他曾用魚叉捕魚，用太陽能蒸餾器製造飲水，給救生艇補破洞等。到最後，他所能做的卻只是抓住生命不放而已，但他的確抓住了。芬蘭人有一個字形容我們在真正迫切需要時所鼓起的不凡勇氣與決心：希甦（sisu）。卡拉漢肯定有很多的希甦。同樣的，一個長途跋涉穿過沙漠為尋找一個安全庇護所的難民，和那些即使病魔纏身仍奮力對抗極度痛苦的人，也都是擁有很多希甦的人。人類想要活下去的意志力其實很強烈，也很鼓舞人心。

忍受寂寞的折磨，肯定要靠「希甦」。卡拉漢的肉體雖

然承受了極端的痛苦，但是全然的隔離可能才是他最可怕的試煉。的確，那是任何人所能忍受的最殘酷的折磨。而那也是為何歷史上有那麼多的政權會將他們的批評者和政敵單獨禁閉的原因。人際往來完全被剝奪的恐怖是如此深沉，以致於受這類囚禁的人最後通常都發瘋了。因此，要禁得起這種形式的酷刑，需要非凡的心理決心。但是，如同伊蒂絲‧波恩博士向我們所證明的，這並非不可能。

波恩博士是一位語言學者兼翻譯家；在她六十幾歲、人生邁入黃昏之際，布達佩斯當局竟然拘留了她，並將她以英國間諜之名起訴。他們甚至懶得假裝給她一個公開的審判，直接以單獨禁閉的方式將她關起來。在她長達七年的禁閉中，大部分的時間她都是被關在黑暗潮濕的地下室。但她證明了她比逮捕她的人所預期的還要堅韌，而且從未因承受不住那種折磨而簽下（假的）認罪書。在禁閉期間，為了保持神智的清醒，她讓自己的腦袋保持忙碌，譬如在心裡複誦曾經學過的詩歌，然後把它們翻譯成其他語言、編輯語彙，以及想像自己在熟悉的城鎮裡穿過大街小巷地漫步等。以這個方式，她能夠在獲得釋放後仍保有未受損的心智。她的故事非常英勇、勵志，也值得歌頌——是一個人在面對無可言喻的艱辛時，展現豐沛「希甦」的一個絕佳範例。

然而，即使在比較尋常的隔離形式中，我們也能夠清楚地看到「希甦」。雖然比起波恩博士的試煉來，那些例子沒有那麼極端，但是，它們也證明了人類不可思議的彈性。例

如，許多年長者在生命走向尾聲時，都承受著亟需關切的寂寞。我們都知道年紀漸老的痛苦：行動力的逐漸喪失使得社交變得困難、看著親友一個個逝去，或因疾病而困在家裡或醫院裡等。但是，在面對這樣的人生苦難時，年長者所經常展現的精神韌性卻很少被人看見。誠然，承受長期寂寞的試煉，需要卓越的性格力量。目睹老人的痛苦，我們唯有希望他們能夠在「自己正在堅強作戰並保持強壯」這樣的觀念裡獲得一絲安慰。

如同冒險家在勇氣和專心致志的督促下往前走——透過純粹的決心打敗恐懼並減輕寂寞——我們也都希望能夠找到力量和決心來完成自己的人生任務，無論它是甚麼。而當我們更進一步執行任務時，我們可能會發現，孤獨會帶領我們走向越來越崇高的存在層面。在此，我們將遇見**光之追尋者**。

光之追尋者

在約旦河谷深處，約莫海平線下250公尺處，有一座叫做耶利哥的城鎮。在炎熱的太陽下，它的天氣熱的叫人喘不過氣來。這個位於沙漠中央的綠洲，可能是這個地球上最古老的人類聚落，而其倖存的居住痕跡可以遠溯到一萬一千年前。它跟地球上其他任何地方都不一樣，是一個藏著不凡視野和神祕追尋的地方。就是在這裡，耶穌被「聖靈領到曠野四十天」，在那裡他斷食、在孤獨中祈禱，並據說與惡魔搏

鬥。這個區域仍然讓人覺得是一個迥異於其他地方存在的層面。其靜默和孤獨的力量幾乎令人恐懼。城裡也有現代的設施——一條與周圍頗不相稱的纜車往「試探山」移動上去——但他們無損游牧風景的樸素與壯麗。沒錯，多少世代以來，寂寞的追尋者都曾冒險進入這片荒蕪的曠野。其中有些甚至在此定居了下來——在懸崖壁高處、往石頭鑿進去的建築，就是拜占庭人於六世紀所建造的「試探修道院」。在修道院壁壘下的山坳裡，則是耶穌據說花了四十日夜與聖靈交流的洞穴。**光之追隨者**不斷追隨著祂的典範，在自己單人小室避靜的東正教教士，從各方面來看，都是地位遠高於世界之上。他們是此一信念的見證：只有透過孤獨、遠離群眾，才可能瞥見上帝的臉。

幾乎每一種宗教信仰和屬靈傳統都與這個觀點吻合。的確，它們大多數的聖典都描述了其創建者所曾經歷過的孤獨時期。例如佛陀，據說祂在荒野的一棵樹下堅決地獨坐並拒絕起身，直到獲得頓悟。有趣的是，同耶穌一樣，傳說祂也在那裡待了四十天並受到誘惑力的圍攻，而且這次是由惡魔的首領德瓦布特拉所發動。同時，在薩滿傳統中，因某種超自然能力而與部落其他諸人隔離的薩滿，則可能在連續長達數月的靈境追求時，消失在森林的深處。全世界的屬靈傳統因為都強調在神聖追求中孤獨的重要性，而有了共通的連結。正如十六世紀耶穌會的創立者聖依納爵・羅耀拉在他的著作《神操》裡所寫的：「我們的靈魂越發現自己的孤獨與

隔離，就越適合接近其造物主和上主並與之產生連結。」[13]

你可能會覺得，雖然佛陀和耶穌的神秘故事很勵志，但它們只不過是一個過去的、神話般的「前科學世代」的遺跡。那些全世界最偉大的宗教的創立者其超乎常人的努力，也許能給其追隨者提供啟發和慰藉，但祂們跟我們其他人又有何關係呢？在回答這個問題前，我的思維必須回到我在博士研究期間所訪談的那些了不起的人士。他們的成長過程都很一般，而且大多數都是從事常規性的工作：護理、會計、教學等。然而，佛教卻轉變了他們的生命。如前文所提，其中有一些人曾經有過精神方面的問題，另外一些人則有酗酒或侵略行為的傾向。然而現在，他們都致力於實踐佛教的理想——從節制到慈悲等——也都在努力地以佛教的價值觀來重新定位自己生活的方向。他們的人生並不完滿，但他們都說，冥想讓他們覺得更快樂、更充實。然而並沒有人強迫他們穿上僧袍、將所有財物捐給慈善機構、或永遠遁入西藏高山上的某座僧院裡。看到他們走在街上時，你絕對猜不出來他們是佛教徒。他們看起來跟其他人沒兩樣，除了在日常忙碌的生活中，努力抽出時間來做冥想的練習外——包括遠離世界幾天或甚至幾週的固定禪修。

他們總是描述說，那些禪修雖然非常挑戰，卻也是他們生命中很重要的事，能給予他們獲得洞悉與啟迪的龐然機會。（面對那些洞悉——有時包括殘酷的真相——正是那些禪修最富挑戰之處。）當我參加那類活動時，我也曾有同樣

的體會。一開始，它的設想令人畏怯，尤其是長時段的固定靜默。然而最後，那些靜默的日子卻產生了不可思議的力量。我從未有任何的疏離感；相反的，我是那個群體的一份子，卻又完全沒有交談的壓力。而這給從容的、有助益的自我反省創造了空間。例如，遙遠的角度讓我們能夠看清、甚至解決在家時的那些「普通的」問題。我們常常沉浸在生存的瑣碎中，以至於看不見解決的辦法。那就好像迷失在茂密的樹林中、在矮樹叢裡掙扎而過，最後絆倒在樹根上一樣。進一步延伸這個比喻：禪修就好像我們被空氣往上直接飄送到山巔附近，在那裡我們能夠俯瞰森林的全景——我們看見了將我們引進死胡同的錯誤道路、隱藏的陷阱和危機、以及，最重要的，那條直接引導我們抵達目的地的道路。換言之，禪修時的獨處，可以對我們產生啟示，讓我們的生命變得更加美好。

在我研究小組裡的其中幾位冥想者甚至有更進一步的實踐：到某些風吹日曬雨淋的曠野中獨居幾個月。他們回憶說，在曠野裡他們與真正的自我面對面，並遇見了令人暈眩的存在之奧秘。因此，他們都將那些延長的靈修過程描述成他們生命中最重要且珍貴的體驗。在那個過程中他們有幸攀登到原本不可能企及的人類精神之高峰，並轉化了自我以及自己生命的視野。之後，他們會帶著恢復的精力與活力回歸到常規的生活中（雖然其中也有些人提到，回歸日常生活後，他們經歷了不大愉快的重新適應的過程）。因為那些靈

修的目的並不是為了「逃離」人世，而是如某句法國諺語「reculer pour mieux sauter」所傳達的：退後一步，以便往前跳得更遠。靈修讓那些人改善了自己的生命，並以此督促他們往前邁進。

誠然，對很多人而言，這種延長的遠離塵世之舉並不可行。但那些冥想者卻也聲稱，即便短暫地離開人群去與自己的思維獨處，也是十分具有建設性與啟發性。他們同樣因之而擁有了重新打造自己與周遭環境連結的力量。而這就是我們在本章的最後一節所要探討的：**觀星者**。

觀星者

當梭羅冒險進入森林時，他的目的不僅是為了發展自力更生的能力而已。他的興趣不僅在於自己是否能夠建造一棟基本的小茅屋、或給自己的晚餐捕到一條魚。跟他後來的成就一樣，他也不僅是以理想主義者與雄辯滔滔的社會批評家之名流傳後世——當然那樣的身分也很重要。他留給後世最重要的資產，是他對自然界所表達的富有詩意的尊敬。因為引發美國本土自己所培育的第一波智性運動「先驗主義」（Transcendentalism）的，正是梭羅與羅爾夫・沃爾多・愛默生。由於對十九世紀剝奪人性的工業化懷著越來越高的警惕，先驗主義論者勸誡他們的美國同胞們要摒棄那些不經思考的從眾思維。反之，套用愛默生的話，他們應該挖掘「和

宇宙的一個原始關係」。先驗主義論者希望人們對自然界培養出深刻的尊敬與欣賞。這指的可不僅是欣賞美景或承諾絕不會踐踏脆弱的花木而已。它所提倡的是一種自然論的神祕主義，也就是這個世界值得尊敬，因為它是神聖的。沒錯，這些哲學家們將這整個宇宙視為一個單一的神秘本體，萬事萬物皆有其神性。愛默生曾寫道：「我們一點一滴地觀看這個世界，太陽、月亮、動物、樹木等，但這些都只是其中閃閃發亮的局部；這**整體的**世界才是靈魂。」[14]

不論我們是否能達到愛默生那種精神哲學的深奧高度，絕大多數的人一定都曾體會過，當我們單獨在大自然中時，那種存在於另一個世界的神奇感受。那就好像是，在遠離他人的存在後，這個世界較安靜的那些層面便能夠浮現出來，並揭露它自己最美麗的面目。例如，為了尋求沉默無聲，我們可能會遠離城市的騷動，逃到鄉下無人的空間裡。在那裡，遠離人類活動的喧囂——交談、交通、收音機、電視節目等——我們發現自己沉浸在大自然世界的寧靜裡。我們甚至會感到背脊發涼。當我在森林裡跑步時，我常常感到一股毛骨悚然的顫慄感貫透全身，彷彿我無意間闖入了一個超越人類文明的領域，在其中有更強大且無形的力量在運轉，而人類只是多餘的。忽然之間，地球讓人感覺比人類更古老，也讓人體會到其自信：比起我們對其領域的短暫入侵來，它的生命將持續得更久遠。

最能夠描述這種情感狀態的，也許就是「敬畏」兩字。

著名的心理學家達契爾‧克特納和強納森‧海特對此種情感
狀態的定義是：處於「愉悅感的較高層及畏懼的邊界」[15]。
美學哲學家也一直受到這種情感之魅惑。例如艾德蒙‧柏
克，他對「崇高」的觀念及對擁有此特質的現象所產生之敬
畏，曾給予特別的關注與探討。他強調說，人們會在大自然
界純粹的、非人為的力量前震顫，例如無情的地質力量所創
造出來的高山峻嶺和火山大爆發，或被龐大的水流橫激而起
的驚天駭浪，或巨型星球中心深不可測的核子融合反應等。
所有這些龐大的存在，會震撼我們、將我們淹沒，讓我們覺
得自己好像只是範圍廣達百萬公里的超級颶風中的一粒塵
埃。我們對這些大自然現象的激賞混合著恐懼，對它們生出
了尊敬、驚嘆、甚至敬畏之心。但激發敬畏的不僅是力量與
龐大恢弘而已，我們也可能對大自然錯綜複雜的奇蹟感到迷
惑不解。例如威廉‧布萊克那首優美的詩歌〈純真的預兆〉
所示：

> 從一粒細沙中窺探世界
> 在一朵野花裡看見天堂
> 手握無窮盡，
> 霎那成永恆。[16]

我們總是因日常瑣事纏身，而陷在自己如蜘蛛網絡般複
雜的謀劃與憂慮裡。唯一正確且自然的做法是，我們應該將

時間和努力貢獻給那些能夠創造我們生命本質的事務，因為如果缺乏這樣的關注，我們很快就會滅亡。但是，我們也應該偶爾避開自己的那些世俗憂慮，敬畏地凝視星空，並讚嘆存在的神奇。想想我們所承載的諸多負擔，我們就更應該容許自己擁有這些「敬畏的時刻」，以活化並照亮自己的生命。而只有在孤獨中，我們才能真正地踏入這另一個領域。因為敬畏之心往往會被交談、歡笑聲、甚至只是他人的身影所驅散，使得我們的靈視在霎那間摔向地球、回到人類的領域裡。因此，每當我們獨自一人時，也許我們可以仔細觀賞大自然界，並讓其奧秘滲透進我們的靈魂裡。我們可能仍會想念他人的陪伴，但只要想到我們的孤獨能讓我們瞥見了自己原本可能看不見的自然之美時，或許我們能從中獲得一絲慰藉。

觀星者體現了我們在本章所探討的主題，換言之，我們可以將寂寞的痛苦轉化成獨處的寧靜。我們的孤獨有其潛在的價值，從**自由思想家**的道德獨立到**光之追尋者**的自我超越。此一救贖訊息便是本書從頭至尾引領我們向上提升的聖音，由此我們體悟到，自己內心所有的黑暗情緒都可以幫助我們找到難以尋獲的快樂之途徑。

懷抱著這個誘人的可能性，我們的旅程也即將抵達終點。剩下的就是如何處理痛苦本身：它包含了我們在旅途中所遭遇的一切困難感受。我們將看到，即使在痛苦所帶來的壓抑與黑暗中，它也隱含著療癒之源泉。我們可能受到考

驗、受到傷害,甚至身心俱毀;但在上天的關注與恩典下,
我們有希望重塑自己,並且有可能變得更堅強、更睿智。

第八章

痛苦

在本書裡，我們已經穿越過了人性經驗中的一些黑暗領域，穿過了憂鬱和沮喪的陰影、不安、與焦慮等。這條道路有許多艱難之處，然而一路上我們也遇到了不少能提升我們層面的真理。其中最重要的是，雖然有些情緒令人很難忍受，它們卻也是通向快樂與圓滿的路徑。即便其中每一種情緒都令人不愉快，但它們也都具有獨特的能量形式，讓我們可以學習如何從中獲益。它們就像強力的信風，吹過生命的海洋，在我們努力保持漂浮以便抵達目的地時，幫我們建立起強大的力度。一開始它們可能會把我們打得失去平衡，也許把我們擊碎在甲板上；如果特別地強烈，它們甚至可能翻覆我們的船。然而，我們也可以在航行之時學習如何掌控風的動力，並借助其力量將我們送到一個更美好的地方。

我們的旅程始於悲傷的探索：我們明白悲傷是一種愛與慈悲的表達。它是一種自我保護的形式，督促我們要愛惜自

己，以免落入危險的情境；而當它鼓勵我們去關愛別人時，它也就變成了一種愛的表達。繼續往前，我們遇到了焦慮的暴風——那是我們自然生成的警報系統。我們知道，它持續不斷的預警聲可以在危機降臨前催動我們的防衛策略，讓我們避開或至少減緩危機之衝擊。接下來，我們發現憤怒是一種道德情感；它是一種痛苦但具有啟發性的訊號，提醒我們某個倫理被侵犯了。而當我們能夠有技巧地駕馭它時，我們則可以探知如何讓它幫助我們，並在第一時間矯正令我們憤怒跳腳的不公不義。

憤怒通常是我們被他人以某種方式錯待時的一種徵兆，但我們旅程的下一站，愧疚，則多半提醒我們自己所犯的錯誤。故而，我們應該注意它所給予的批評，並修正自己的錯誤、努力成為一個更好的人。羨慕——人們價值觀的氣壓計；藉由督促我們去尋求更崇高的目標，它可以誘導出一條具有往上提升力的軌道。緊接著，如果我們能夠挖掘深入兔子洞的勇氣——無聊，那麼我們將會發現，在我們面前展開的是一座歡欣、充滿洞悉與創意的花園。同樣地，本書倒數第二章的建言是：我們可以將冰冷的寂寞轉化成寧靜、溫暖的獨處狀態。

所以，我們的旅程已經帶領我們穿越了七個領域，每一個都有其獨特的灰暗與陰影，及專屬於它自己的珍貴的陽光。但以整體的角度來看，我們的旅程、我們穿越黑暗的跋涉，究竟是甚麼呢？其中是否有一個更大的弧，一種涵蓋這

一切的模式，不論我們當中的每一個人所遵循的是哪一條個別的途徑？是的，可能有。這本書裡的七種情緒只不過是「痛苦星群」裡的幾顆星星罷了。不論我們是悲傷、焦慮、憤怒、愧疚、羨慕、無聊、或寂寞，我們都是在承受痛苦。痛苦所包含的就是這些、甚至比這些更多的其它負面情緒。沒錯，我們甚至尚未涉及折磨所有人類的、諸多數不清的傷害——從肉體的痛苦到社交的不安，從疑惑到缺乏安全感，從怨恨到畏懼，從病痛到死亡等。以上這些也都含括在痛苦的範疇裡。

我們在某些時候都多少受過痛苦的折磨。沒有人那麼幸運，能完全逃離痛苦的利爪。而當我們感到痛苦時，它通常含蓋了以上所列的其中幾種負面情緒。我們很少一次只穿越過一種情緒的低谷。不論是對抗病魔或努力求得認同，我們可能都得同時與多種情緒的試煉作戰，例如一杯憤怒、悲傷、和羨慕的有毒混釀，或一股夾帶著焦慮、愧疚、和寂寞的苦澀之風。此外，我們的痛苦在強烈度（從些微不適到折磨人的恐怖）和持續期間上（從幾分鐘到很多年），也可能會因人因事而異。然而，不論我們穿過黑暗時所遵循的是何路徑，該整個旅程都可以統稱為「痛苦」之旅。記住這一點，我們就可以回到上面提到的問題：在我們熬過各自迥異的磨難時，其中是否有一個涵蓋這一切痛苦且被認可的模式？在下一節的討論裡我們將發現，這樣的一個模式確實存在。而它就叫做：**英雄之旅**。

　　不過，在我們展開旅程之前，我們需要藉**破碎的花瓶**這個比喻來探討痛苦這個問題本身。

破碎的花瓶

　　在越戰滿目瘡痍的餘波中，一個新的名詞加入了精神病學的語彙：「創傷後壓力症候群」（PTSD：post-traumatic stress disorder）。當那些退役軍人開始從前線回來後，在家鄉的醫護人員們注意到，比起其精神疤痕來，他們身體的創傷通常痊癒得比較快。沒錯，對其中許多退役軍人而言，戰爭的惡夢根本還沒結束。他們曾經深陷其中的人間地獄，當其可怖的景像閃過他們腦海時，仍叫他們震顫不已，就彷彿他們還身在戰火中那般。汽車忽然發生意外都能讓他們本能地抱頭鼠竄，冷汗涔涔地尋找藏身處。死去的同袍在他們的夢裡鬼魂般徘徊不去。當最親愛的人憐憫地想要知道這個退伍戰士到底經歷了甚麼時，他們的關係卻只是變得緊繃而已。在二十世紀的前半葉，退伍軍人所承受的痛苦多半會被貼上「砲彈休克症」這樣的標籤。而所謂「砲彈休克」形容的就是從兩次世界大戰返家的許多受傷的戰士，他們所沉浸於其中的那種悲慘的、掏空的狀態。但到了1970年代時，這個名詞基本上已經不再使用了，因為那些早年的巨大變故已經在人們的記憶中逐漸消失。因此，在美國精神病協會所出的《精神疾病診斷與統計手冊》的第三版裡，「創傷後壓力

症候群」的觀念就被引進來解釋這種持續性的情緒動盪。

之後幾年，「創傷後壓力症候群」開始吸引了臨床醫生和大眾的注意力。很快地人們便明白，並非只有退伍戰士才有此問題；任何形式的創傷之後，從嚴重疾病到自然災害等，它都可能發生。然而同時，精神病醫生也開始注意到一個之前較未曾被觀察到的平行現象：在經歷嚴重創傷後，有些倖存者的生命出現了**正向的變化**。在1990年代中期，兩位心理學家維吉妮雅·歐里瑞和吉奈特·伊寇維克斯，認為創傷受害者可以分為四大類[1]。第一種是「功能嚴重受損」者：承受過此種創傷的人被形容為「放棄抵抗」，也就是屈服於傷害之影響。第二種：一個人如果還能拾起一絲生命的希望，即使那絲希望很渺茫、其意志也不堅強，他們也能夠被稱之為是在一種「帶著損害存活」的狀態。比較幸運的則是那些被認為「具有彈性」的人：他們在相對未受損害的情況下逃脫創傷，並且能夠回到之前的功能水平。最後一種的比例極少，也就是那些似乎能夠從創傷中成長茁壯的倖存者。沒錯，這種現象有時甚至是他們受創後的**結果**：比起創傷前，他們的功能反而有更高的作用，並且達致了更高的人生成就。

不出意料，第四組裡那些了不起的人開始吸引了許多人的注意。不久之後，一個大膽的新觀念就在理查·泰德斯奇和羅倫斯·柯爾宏的推廣下進入了心理學的研究領域：創傷後**成長**[2]。此外，雖然這個概念是受到被認為「茁壯」的那些

倖存者之啟發，但研究者很快也在其他的人身上發現到類似現象。其他三組的倖存者，即使身在痛苦中，也都因為創傷而多少經歷了一些正向的改變[3]。的確，研究顯示，有將近70%的創傷倖存者會因為創傷的經驗而可能在某些方面受惠[4]。

這些成長的故事通常有相通的主題[5]。第一，倖存者的人際關係往往加強了。也許再沒有比創傷——譬如嚴重疾病或車禍意外等——更能讓一個人明白他有多需要自己的親人了。想到可能失去某個珍愛的人，爭吵和不滿常常就會被丟到一邊，變得無足輕重。第二，創傷倖存者經常以一個全新的、且更正面的角度看待自己。例如，在知道自己已經克服困境後，他們可能會感覺到澎湃的勇氣與力量。第三，倖存者可能會以更勵志的文筆重寫自己的人生哲學。與死神擦身而過的經驗往往會激發一個人對生命的感激，進而下定熱烈的決心，要讓每一天都有所值。

心理學家史蒂芬·約瑟夫採用了一個強大的比喻，來描述經歷創傷或逆境後那種正面改變的過程：**破碎的花瓶**[6]。當我們痛苦時，我們身上的某些部份肯定是打碎了。這包括感覺自己整個人似乎被摔成了碎片，或某一個重要元素破滅了——例如我們對某個特別的人之信賴，或我們對自己性格中某個層面的信心等。那麼，最好的解決辦法是甚麼呢？想像一個美麗的花瓶，被你不慎摔到地上去，碎成了幾百片。我們也許會發現，要將那些碎片拚回原來未受損之前的樣子很困難；就算我們努力做到了，其成果也可能很脆弱。要將生

活回復到未受創前的樣子，也同樣的具挑戰性，因我們過去的習慣和思考模式可能已經不再適用了。但是，我們如果利用花瓶的碎片拚出**全新的藝術品**──也許是一個大膽的雕像，或一個充滿意義的動人的馬賽克──那會如何呢？在「創傷後成長」期間，所發生的正是這種所謂的**重新塑造**。雖然一個人的生命元素被其所承受過的重創動搖了、顛覆了，但它們卻能夠逐漸地──透過時間、耐心、與支持等──將之拼裝出一個全新的結構來。全新的那個結構不一定能抹除原有的傷害，但它能含括理解、意義、有時甚至美麗。

許多實證研究都已經探討並證明了逆境後的「創傷後成長」這個現象。它似乎給一些創傷倖存者帶來很大的慰藉與希望，就好像在黑暗的隧道盡頭看到的一束光。然而，芭芭拉・艾倫賴希卻警告說，我們對於出現那種現象的預期必須謹慎，尤其更不該暗示任何未能享有這種正面成長的人就是在某方面不足。在她的著作《微笑或死亡》裡，她詳細地描述了自己在獲知得了癌症時的經驗[7]。就在那個可怕的診斷幾乎擊垮她的人生之際，她的痛苦卻因那些鼓勵她將得了癌症視作一種**正面旅程**的人而加劇──即便他們是出自善意。我必須指出，敏感的臨床醫生和研究學者們，例如史蒂芬・約瑟夫等，都很小心地不會將這樣的負擔加諸在承受創傷之人的身上。然而，人們對這個問題所擁有的細微瞭解卻往往在較一般的文化對談裡迷失了方向，尤其是在思考並探討嚴重疾病時的用語上。某些觀察家甚至暗示艾倫賴希對自己的痛

苦應該**感恩**，因為它可能就是她進入個人轉變的大門。有一些疾病倖存者確實經歷了一種感激的心態，但是告訴所有受苦之人他們**應該**感謝自己的不幸，卻是毫不理性的事。對艾倫賴希而言，這樣的忠告只不過增加她已經很沉重的負擔罷了。除了忍受疾病的創傷外，她還得面對人們對她不是一個「好」的倖存者的指控。批評她的人不容許她覺得憤怒或焦慮，而她也覺得自己不能對發給她一手爛牌的殘酷命運發飆。沒錯，許多人都她曾勸導她去尋找生病的「益處」，並往好的一面看。

在此我希望能避免提供類似的建言。我希望這本書能讓大家理解，負面的情緒也有其一席之地，並且可能具有很大的價值。但即使它們不能被正面地善用，對人生的波折而言，負面情緒也完全是正常的反應。不論我們有何感受，我們都沒有錯。因此，說到痛苦時，對那些告訴我們說我們絕對要，或，更糟的，**應該**體驗某種形式的「創傷後成長」的人，我們可以不必理會。數不清的倖存者和臨床研究都顯示，我們**可能**經歷某些正面的改變。如果是這樣，那最好不過。（誠然，這一章所要建議的，就是如何鼓勵這個過程。）但每個人穿過黑暗時所經歷的生命之旅都是特殊的，沒有人有權利說這個旅程應該如何展開。基於這個理由，我要丟開「創傷後成長」這個概念，並取而代之的直接踏上**英雄之旅**。

知名的神話學者約瑟夫‧坎伯相信，全世界所有的傳奇

故事基本上都是一個偉大的原型神話的變形[8]。從偉大的古老史詩，例如奧菲斯進入冥府，到當代經典，例如《魔戒》，每一個恢弘的故事都以類似的一種三部曲形式展開：**啟程、學習、回歸**。我們初出茅廬的英雄（或女英雄，不過在較古老的故事裡，這樣的女性角色很少）接到了一個預示的、未經尋求的「冒險之召喚」，而那迫使他（她）離開原本安逸正常的生活，勇敢地奔向危險的未知領域。之後我們的英雄展開了其啟蒙的過程——充滿磨難、試煉的冒險之旅，其中每一樣都給英雄帶來最大限度的考驗。這些考驗最後導向了啟發和學習，而我們的英雄也有如重生般地變成了一個全然不同的人。重生，正是**回歸**的要義。我們的英雄已經完成了他艱難的目標，於是走上歸家之路。雖然身心俱疲、傷痕累累，但他凱旋而歸，而且徹頭徹尾地改變。

這些故事能夠在我們內心引發如此深刻的共鳴，正是因為它們蘊含了一種「救贖性的痛苦敘事」，因此給任何在生命中曾經受過苦或正在受苦的人們，提供了慰藉與希望。是以，**英雄之旅**所追溯的就是我們在「創傷後成長」裡所看到的那種軌跡；它既以強大的象徵性形式呈現了該種成長，但也涵蓋了其它每一種倖存的模式。有時候，對那些曾經面對劇烈創傷的人來說，僅僅只是活著，繼續呼吸，就可以是一種充滿強大力量及英雄氣概的行為。

在逆境的餘波裡，無論我們如何做，我們都是走在**英雄之旅**的路途上。的確，生命本身最終就是這樣的一個旅程。

因此，這個故事與我們所有的人都有關。當我們受苦時，它有助於我們將該痛苦視為一種英勇的追求，不論我們是否覺得自己因此而有所「成長」。其中有些考驗可能會將我們轉變成較好的人。我們甚至會覺得——借用尼采那句不朽的名言：「那些殺不死我們的，都會讓我們變得更堅強」。謹記這點，讓我們從那個可怕的碎花瓶開始啟程吧。

啟程

1899年十一月，漢斯·可拉薩誕生於布拉格。當時，整個歐洲對即將來臨的新世紀正充滿期待。隨著每一個領域驚人的進步——從醫藥到物理，從工程學到工業發展等——人們有各種理由相信，人類多年來的黑暗終於要安全地成為過去了。想當然耳，這個世界很快就會享有日新月異與繁榮的果實。沒有人預見，只不過四十五年的時間，這個地球就會遭受兩次世界大戰的摧殘。人類歷史空前的殘暴所導致的災難，完完全全顛覆了人類的自信。那兩次大災難的第二個不但陷害且最終消耗了可拉薩，如同其他幾千萬人那般。但在那之前，他的生命卻都是奉獻給人性靈性裡的美麗與豐富。卡拉薩成長於一個雙親都很慈愛的猶太家庭裡，孩童時期他就開始學習鋼琴和小提琴，之後並前往德國音樂學院專攻作曲。在1930年前，他的天賦得到充分發揮，成為了一位專業作曲家。然後，他的世界崩潰了。當時他剛剛完成了一部兒

童歌劇——由亞裡斯托芬某部喜劇改編的Brundibar。但就在
1942年八月十日那天，納粹逮捕了他並將他遣送到泰雷津集
中營。那是他所完成的作品中的最後一部。

第二次世界大戰中所呈現的殘酷有多不人道，委實無法
理解。納粹的殘暴以及其他如法西斯主義等的暴力，給我們
的地球留下了難以抹滅的痕跡。集中營的慘像是人類所有痛
苦的縮影，也是一個人所能忍受的最具創傷的經驗。在槍口
下被迫進入猶太人集中區，或搭乘運載牲畜的火車前往死亡
集中營——許多這樣的「啟程」既驟然又叫人心驚。在一瞬
間便與所愛之人分別，從此也許再無相見之日。你被搶奪的
不僅是你的家、你的財產，甚至是所有其他讓你之所以為你
的一切：你的文化、歷史、和認同等。遭受非人的待遇，被
賦予一個號碼、而非名字，整個過程都是為了能夠盡可能地
剝奪人性而設計。每一個受害者的花瓶都以我們所能夠想像
的最冷血的方式被打碎了。除此，大屠殺就是一個龐大的
「啟程」，以史無前例、世界性的規模打碎了這整個地球。
數以百萬計的受害者被迫展開自己的「啟程」。沒錯，人性
本身在那可怖的幾年裡全都啟程離去了。我們身為理性、人
文的物種這樣的自我形像遭到了空前的威脅和破壞。花瓶中
最大的那一個——地球——被打碎了。即使到現在，我們可
以說都還在努力重建它。

但是，那痛苦雖然這般深刻，其中許多充滿勇氣和尊嚴
的故事卻也幫助我們對人性保持了一絲信念。此外，許多倖

存者堅持並活出了光明的人生，證明了人性精神中的強韌與彈性，其中有些甚至還經歷了我們今日所稱的「創傷後成長」。那些人從未忘記自己承受過的恐怖經驗——他們終身烙印著肉體與情感的傷疤——但他們的痛苦最終卻也可能給有益於全體人類的遠見與創意做出了偉大的貢獻。他們的旅程真的既漫長又艱苦，在他們終於體會到某種回歸前，那旅程可能長達幾年，甚至幾十年。然而，即使在啟程最可怕的初步階段，許多人仍能在層層黑暗的包裹中瞥見光的源頭。例如，漢斯・可拉薩就在對音樂的熱愛中找到了慰藉。音樂給他與自己的過去、家庭、文化、和認同等，提供了一個寶貴的連結。他想辦法在生命中找尋美的存在，將之體現在自己的音樂中，並努力地在猶太人集中區羈留期間創造了幾首室內樂。除此，他也給Brundibar籌劃了至少五十四場演出，演出者中甚至包括了許多長期受苦的鄰居孩童。他的生命就是一則偉大的「精神抵抗」的故事。如果他的人生沒有被剝奪的話，他的美學和精神層次不知能夠達到甚麼樣的高度。正因如此，納粹在1944年十月十七日那天在奧斯威辛集中營結束了他的生命。然而，直到生命最後一刻，他都維持了自己的人性與尊嚴。

即便在花瓶開始破碎之時，可拉薩的故事仍強調了「保持希望與意義之樣貌」的重要性。與他一同被拘禁的其中一人，維克多・法蘭寇——二十世紀最有影響力的心理學家之一——便是最早闡述此觀點的學者。1905年誕生於維也納的

法蘭寇，在準備成為一名精神科醫生時，於1942年被納粹遣送到泰雷津集中營。兩年後，他被轉移到奧斯威辛集中營；在那裡，他一開始是一個奴工，後來是一名醫生。後者這個角色讓他不斷地在不同的集中營之間調動，也讓他存活了下來。但在那之前，大屠殺早已讓他失去了摯愛的妻子、其他家人、以及終生的志業。（他將多年寫下來的手稿縫在外套裡面，但警衛將之竊走，而法蘭寇也從此未再看過那些手稿。）然而，在這麼多悲劇中，法蘭寇歸納出了一個強大的存在觀點，並在後來的幾十年給數以百萬的人們提供了很大的安慰。他瞭解到，那些被拘禁的人若能懷抱盼望的話，就比較能夠抵抗集中營裡的恐怖遭遇。對他而言，那樣的人明確地證實了尼采的箴言：「如果我們擁有活下去的理由，那麼我們就幾乎能夠接受所有的生存方式。」[9]

法蘭寇相信，救贖的最強大源頭之一就是愛，即使所愛之人已經逝去，例如他自己的例子。他曾寫道：「我瞭解，一個人在這個世上縱然一無所有，也能體會到幸福——在他懷念所愛之人的那一瞬間。」[10] 從他對愛的這個洞悉，「意義治療」[11] 於焉誕生。這是法蘭寇在戰後所開發出來的理念。此種治療法包括引導人們在自己所遭遇的創傷中尋找某些意義。例如第三章所提的蘇珊，她的女兒吉兒因為某年輕人酒駕而喪命，而喪女之痛卻讓她積極地推動反酒駕運動。但法蘭寇的見解不僅對已經發生的創傷——也就是正在經歷**學習**和**回歸**階段——有所幫助而已，在創傷展開的過程它亦

有助益。他鼓勵受創者在痛苦中找尋一絲希望，並專注在那一絲希望上；因為當一切都顯得無望時，那一絲希望便是受創者的救生索。法蘭寇個人的救生索就是他與妻子之間的摯愛。他曾經體會過甚麼是深刻的生命救贖之愛；而即使納粹能夠搶走他的一切，也奪不了那個事實。

不論我們的**啟程**是在甚麼狀況下發生，我們都希望能夠在黑暗中找到一線帶給我們力量的曙光。或許只是某個陌生人善意的眼神，某個朋友幾句安慰的話，一個珍貴的回憶，或對一個較美好的未來的渴望而已。但在我們進入**學習**階段的考驗時，那就足以帶給我們一絲救贖的希望。

學習

約瑟夫‧坎伯在給**啟程**的最後階段取名時，借用了聖經裡約拿的故事，稱它為：「鯨魚的肚子」。**這個比喻所隱含的，便是受創者在奇蹟般開闢回歸之路，期間所經歷的各種絕望的情境。**是故，當我們跨過門檻邁入全然的黑暗時，我們的**啟程**階段也就宣告結束。在這一刻，我們進入了創傷之旅的第二個階段，開始面對**學習**的試煉。

每當我讀到這些觀念時，我就會想起一位忽然之間掉進鯨魚肚子的朋友。當時對他而言，**回歸**似乎是絕無可能的事。所幸，感謝上帝，那個遭遇最後成了他生命中的轉捩點，並開啟了他的**學習**之旅。但是，剛開始時，不論是事實

層面或象徵層面，除了黑暗外，他甚麼也看不見。

我這位朋友年輕的時候常常沉淪在鋌而走險的刺激中，同時吸毒也販毒。不可避免地，他遭到逮捕、入監，開始了牢籠歲月。但即使坐牢，他仍繼續販毒，給他的獄友們固定提供毒品。但不久，他的不法勾當就被發現。這時，他掉入了鯨魚肚裡更深層的部位：單獨禁閉。我們在前一章裡提過，單獨禁閉是一種可怕的折磨，對我的朋友而言也是。他後來回憶說，那是活生生的噩夢。當他躺在牢籠裡的小床上，四周漆黑一片時，此時的他似乎已經掉到鯨魚肚裡的最深處了。

因為販毒最後被單獨禁閉的人究竟不多，但這種墮入個人地獄深淵的現象，卻相當普遍。為了闡述此觀點，我必須重提我之前為了寫作博士論文而訪談的那群冥想者。他們當中三分之二的人曾提及他們在開始練習冥想前那些很痛苦的日子；那些日子所帶來的試煉讓他們覺得自己必須有所改變，如此才能找到一個較好的活下去的方式。他們當中大多數的人都曾染上對西方人而言最普遍的惡習，儘管情感上已經產生斷離──或許也正因為那樣的斷離──他們的內心世界總是一團混亂，經常陷在無法控制的衝動與情緒的風暴裡。許多人用酒精或藥物麻醉自己，有些人不眠不休地投入工作，有些人則藉由任意的侵略或暴力行為來宣洩壓抑的情緒能量。他們偶爾也會見到生命的陽光，在少數愉悅或歡樂的時刻。但是，整體而言，他們的人生圖像所描繪的就是一

段跌入悲傷的陰暗過程。

　　然後，在某個時刻，墜毀發生了。他們持續的痛苦以及處理痛苦時所用的不當方式，累積到了一個爆發點，於是有的人與世隔離、有的人醉酒鬧事引發暴力行為、有的則結束與伴侶的關係。當這樣的關係崩潰瓦解時，很多人都會覺得自己一無所有了。有些人說那是一種「墜入谷底」的感覺，有些人則差點自殺。我想到自己第一次嚴肅的感情瓦解時（我在第一章談到悲傷時曾提及）所面對的困境，他們的絕望和痛苦我覺得很熟悉。但這些所有的個人危機卻都是真正的轉捩點。雖然前面的道路仍然艱辛，但我們都開始往一個全新的、最終將引領我們到達一個更美好之境的方向邁進。「墜入谷底」的那一刻，也就是我們終於清醒地瞭解我們**必須**有所改變的時刻。如同其中一位冥想者所說的：「我受夠了，我很清楚地意識到：『我必須有所行動』」[12]。

　　體悟自己需要改變——重新塑造自己——就是**學習**的關鍵點。在這個痛苦但具有救贖力的階段，我們瞭解鯨魚黑黝黝的肚子就是我們「死亡」並丟掉過往認同的地方。然而，它也是我們「重生」及復活的子宮。這兩個富有寓意的階段——死亡與重生——彼此緊密連結。我們只有拋棄自己舊有的認同並進入一個全新的存在模式，我們才能夠上升到一個更高的心理發展的階段。將印度文化及思想引進西方並造成巨大影響的泰米爾哲學家阿難達・庫馬拉斯瓦米，很喜歡引用聖湯瑪斯・阿奎那的一句話：「一個人只有停止存在，

才可能達到一個更高的境界。」[13]這句話淋漓盡致地傳達了**學習**這個階段的理念。

以我的朋友為例。他被單獨禁閉了一個星期，而他的生命也因此發生了轉變。他過往惡行劣跡的受害者陰魂不散地困擾他，他不知道自己怎麼會墮落到那樣的地步。然後，在連續幾日的極度痛苦、在羞愧和懊悔的大海中幾乎溺斃時，他回憶起孩童時期父母對他無微不至的愛，並從中看到了一絲微弱的希望。忽然之間，他領悟到他可以過一個不一樣的人生。在他受譴責的身體裡住著一個無辜的靈魂。緊緊抓住這個模糊但卻救命的直覺後，他開始慢慢地、一步步地爬出了黑暗。換言之，他走上了他的**回歸**之路。

回歸

在**回歸**期間，我們開始了那個漫長、痛苦，但最終卻具有救贖力的過程，從黑暗的深處浮現並回歸到這個世界。我們尚未完全療癒，但我們已經開始重建自己的生命、塑造一個全新的自我。我們撿起碎花瓶的所有碎片，然後——通常在他人的愛與支持之引導下——將它們重塑成一個全新並充滿意義、重要性、與優美的作品。

禪學裡有一個很棒的觀念，對回歸者而言非常重要，那就是：金繼（kintsugi）。這個觀念雖然源自佛教，但它對不論擁有或沒有宗教信仰的人而言，都非常有意義。在過去幾

世紀以來，禪學大師們發展出一種美麗且不尋常的修補破陶器的方法。損壞的物件既不會受到忽視也不會遭到丟棄；反之，只要可能，他們就會用愛與細心將之修補起來。這個哲學的精神並非在避免浪費，或只是在從事無關緊要之瑣事而已，其目的也並非只是把破損的東西拼湊起來以便能夠繼續使用，或是努力將碎片重組以藉此抹除其裂痕。Kintsugi這個字是一個複合字，由kin（意思是「金」）和tsugi（意思是細木工藝）所組成。所以，這個複合字的意思就是：將碎片用光亮的金漆修補起來。該過程包含了以特別的方式突顯碎片間的裂縫，使其變得更加堅固美麗。的確，那些裂縫會變成該物件的定義性特徵。重點是，那些金色的戰疤並非瑕疵，而是該物件特質中的精髓。它們以一種濃烈的、渾厚的、以及最重要的，美麗的方式，鮮明地表達了那個物件的深刻及歷史。

我在為這本書收集寫作資料時，讀了許多傑出人物的故事。它們都足以做為金繼的典範，但其中一名年輕女子的經歷卻令我特別感動。我們暫且稱她為克蕾兒吧。克蕾兒不但美麗而且極有天賦；她在十八、九歲時，因為一場嚴重的摩托車意外，導致了人生不可挽回的劇變。連續幾個星期，她在醫院臥床接受治療；在那段灰暗的日子裡，她不斷祈禱，希望外科手術能夠重建她嚴重受損的臉孔。但後來，她知道手術最快要一年後才能進行，而且之後的重建過程不但漫長、困難，且很可能留下永久的疤痕。那一整年，她與憤怒

及受創的情緒搏鬥，從醫院返家後，幾乎不曾出門。

然而，當她掙扎過**啟程**和**學習**那段黑暗歲月後，克蕾兒開始逐漸地培養出一種大膽的對抗精神來。她重新過起了一個「正常」的生活，不但拒絕將自己視作一個因傷疤而扭曲的人，並且摒棄自己必須畏縮在陰影中生活的想法。不僅如此，當她越來越自信時，她也理解到其他人都將她臉上象徵勇氣與力量的線條視作她個性的符號。同時，人們認為她既英勇又激勵人心，更不用說美麗了。她追求者眾，從不缺乏戀情，並且在結婚幾年後，很有福氣地生了幾名子女。因此，不管是從隱喻性或實質性的角度來看，重建克蕾兒的都是她自己。她並未否認或隱藏自己曾受的苦；反之，她將自己轉化成某種她自己及別人都認為充滿優雅的東西。她是金繼救贖之力的一個強烈象徵，透過那個修補過程我們學會了擁抱自己的缺陷線條，讓它們變得不再是缺陷，反成了使我們特殊的特色。

的確，每一位照亮我們穿越本書之旅的人，都以其某種方式驗證了**金繼**的特質。不論他們所遭受的是何種傷害，他們都學會了讓自己的疤痕能如黃金般閃亮燦爛，並將自己的痛苦轉化成具有救贖之力的特質。想想魯米，他失去夏姆斯·埃·塔卜瑞茲的悲傷啟迪了他最震撼人心的詩歌創作。或者齊克果，他瞭解焦慮與充實的人生是攜手並進的夥伴。或者蘇珊，透過與撞死自己女兒的年輕駕駛合作以警告世人酒駕的危險，她克服了自己對那名年輕人的憤怒，並藉此在

個人的悲劇中找到了救贖的目標。我們看到愧疚如何啟發米爾葛蘭姆實驗中的一位「教師」，並促使他遵循自己的良知對越戰展開抗議行動。我們也明白了，生命早年的艱辛可以給欣羨他人成就的夢想家提供使其一飛沖天的火箭燃料。我們探討了如何跨越過無聊之門進入自我轉化的境地，如同菩提達摩在洞穴裡冥想長達九年所示範的那般。我們發現強大的恢復力及無價的獨立能力能夠從最寂寞的時刻湧現，就如我們在波恩博士和亨利・梭羅身上所見證的。最後，在本書的終章，我們看到維克多・法蘭寇如何利用自己的創傷，架構出意義治療的理論，從而幫助了無以數計受過創傷的人。

這些人都曾出發、堅忍、並最終從自己的**英雄之旅**回來。他們的生命都曾被某些痛苦的消極性滲入，以致走上了黑暗之路。然而，在那黑暗中，他們卻都能以救贖的方式駕馭自己的消極性。他們將那些負面的情緒和經驗轉化成讓自己蓬勃成長的正面特質。在那個過程的引領下，他們能夠利用曾經試煉他們的那些痛苦，並重新塑造自己和自己的生命。

我們所有的人可能全都體驗過同樣的救贖旅程，並且駕馭過負面情緒的力量來推動並掌控自己人生的方向。雖然我們都有自己的十字架要扛，但它卻可以成為我們自我轉化的象徵。常常被詆毀成醜陋傷疤的負面情緒，可以變成金色的痕跡——價值的源頭、通往成功的路徑、甚至是美麗的特質。

　　希望本書能夠提供讀者一些慰藉，並在我們有時艱困的人生旅途上成為有益的良伴。也希望它有助於照亮你的路途，並引導你前往一個更美好的地方。

進一步協助與資源

鑑定臨床抑鬱症與焦慮

　　這本書所探討的是我們全都偶爾體驗過的「正常」情緒。它並不是在研究通常需要臨床及（或）治療協助的精神疾病。當然，辨識「正常」情緒與精神疾病之間的不同，其方式並非都很直截了當。例如，在第一章裡，我曾提醒過悲傷有時可能會越過線，惡化成臨床抑鬱症[1]。而那條線所標示的正是悲傷「出了問題」的那個點[2]。如果你擔心你可能已經達到了那個臨界點，那麼我建議你去諮詢專業醫生。他（她）應該能夠診斷出你的痛苦是否真的造成了抑鬱症，並在需要時給你適當治療的建議。為了辨識是否越過了線以便及早就醫，可以先參考「美國精神醫學學會」（American Psychiatric Association）所出版的《精神疾病診斷與統計手冊》（Diagnostic and Statistical Manual of Mental Disorders）；全世界的臨床醫生都使用這本手冊裡的標準來判斷一個人是否有了精神健康的障礙。

　　《精神疾病診斷與統計手冊》裡對「重度抑鬱症」的定義有幾個層面。第一也是最重要的就是，如果一個人已經陷入憂鬱的情緒，或對日常活動失去興趣或樂趣的時間連續超過兩個星期，那麼他（她）就**可能**患了抑鬱症。當然，每個人的性情都不一樣，但這裡的關鍵點是，抑鬱的情緒所象徵的是這個人的「基線」（也就是，他通常的習慣狀態）已經產生了改變。

　　除了這個概括性的準則外，《精神疾病診斷與統計手冊》也列出了九種特定的徵狀。假如在那兩星期的情緒抑鬱期間，其中至少有五種徵狀每天（或幾乎每天）都會出現的話，那麼，抑鬱症的診斷就可能成立。以下是這九種徵狀：

- 幾乎每天的大部分時間都有抑鬱的情緒或易怒；
- 每天多數時候，對大部分的活動都缺乏興趣或樂趣；
- 明顯的體重變化或胃口改變；
- 睡眠改變（失眠或嗜睡）；
- 活動力改變（身體的激動或遲緩）；
- 疲憊感或缺乏精力；
- 感覺沒有價值，或過度的、不當的愧疚感；
- 思考或集中的能力降低，或變得較無決斷力；
- 想到死亡或自殺。

　　如果你已經有了一些或以上全部徵狀的話，即使持續期

間尚未達兩星期，我仍建議你儘快去諮詢醫生。你的徵狀或許尚不符合抑鬱症的診斷標準，但醫生的建議對你仍可能有極大的幫助。

《精神疾病診斷與統計手冊》也闡明了焦慮症的診斷標準（事實上，如果你擔心自己有任何形式的精神障礙，都可參考該手冊）。如同悲傷和抑鬱症，焦慮一旦越過了某條線，它也可以被視為一種疾病。《精神疾病診斷與統計手冊》採用了「廣泛性焦慮症」一詞來概括所有具有臨床意義的「一般性」焦慮。（其中也有一些較特定的診斷術語，例如「社交焦慮症」——這是因一種令人失能的羞怯而導致的與社交往來相關的焦慮）。如果一個人經驗了過度的焦慮並（或）總是憂慮著許多議題、事件、或活動等，且時間超過至少六個月，那麼他就可能患上了「廣泛性焦慮症」。若需更明確的診斷，此種焦慮需要伴隨以下徵狀中至少三種，才能確立診斷：

- 急躁或心神不定；
- 比平時更容易感到疲憊；
- 注意力無法集中；
- 暴躁易怒；
- 常覺得肌肉痠痛；
- 睡眠困難。

　　顯然，這些標準都並不客觀。例如，所謂「過度」就沒有明確的定義。因此，如同抑鬱症或任何可能的精神疾患，如果你覺得自己有「廣泛性焦慮症」的問題，我建議你儘快諮詢醫生。他（她）應該都能夠提供你任何治療所需的建議。

　　最後提醒，有些人可能經驗了以上所列的其中許多徵狀（有關抑鬱症及／或焦慮症），但卻覺得這些徵狀對他們目前的生活狀況而言，都是完全適當的反應，而非某種疾病的徵兆。例如，一個剛經歷喪親之痛的人可能經驗了以上全部九種公認的抑鬱症徵狀，但卻只視它們為悲傷過程中的自然情緒。沒錯，精神病醫學對此也有很大的爭論。如果這些徵狀是在一個造成創傷的生命事件的背景下出現，那麼這些徵狀算不算是構成某個人抑鬱症的條件？2013年最新版的《精神疾病診斷與統計手冊》對此抱持非常謹慎的態度。它闡明說，如果所有徵狀符合以上所列之標準，那麼抑鬱症的診斷就應該被**考慮**，不管其背景因素──例如喪親──為何。話說回來，如果你正經歷著一個創傷性的痛苦，並覺得這樣的診斷對你而言並不恰當，那麼我還是鼓勵你去看醫生。他（她）會小心地判斷你的痛苦是否已經「越過界」，或只是「正常」、適當的情緒反應，並根據需要給你適當的建議與協助。

附加資源

　　以下網站提供許多與各種精神狀況及治療選擇相關的有用訊息。

- www.mentalhealth.org.uk
- www.mind.org.uk
- www.sane.org.uk
- www.nhs.uk/livewell/mentalhealth
- www.rethink.org

你亦可在以下網站找到協助與支持：

- www.samaritans.org

Notes

1 World Health Organization (2006). *World Health Statistics 2006.* Geneva: World Health Organisation. For a more recent commentary, see Kessler, R. C., Aguilar-Gaxiola, S., Alonso, J., Chatterji, S., Lee, S., Ormel, J. and Wang, P. S. (2009). The global burden of mental disorders: An update from the WHO World Mental Health (WMH) Surveys. *Epidemiologia e psichiatria sociale, 18*(1), 23–33.

2 I am drawing here on Jerome Wakefield's influential notion of disorder as 'harmful dysfunction', in which an emotion can be deemed a disorder if it is both harmful *and* dysfunctional. See Wakefield, J. C. (1992). Disorder as harmful dysfunction: A conceptual critique of *DSM-III-R*'s definition of mental disorder. *Psychological Review, 99*(2), 232–247.

3 Wolpert, L. (1999). *Malignant Sadness: The Anatomy of Depression.* London: Faber and Faber, p. 74.

4 à Kempis, T. (1418–1427/1952). *The Imitation of Christ.* (Trans. L. Sherley-Price.) New York: Penguin Classics.

5 The notion that sadness functions to prompt disengagement from harm was formulated by Eric Klinger. See Klinger, E. (1975). Consequences of commitment to and disengagement from incentives. *Psychological Review, 82*(1), 1–25. See also Nesse, R. M. (2000). Is depression an adaptation? *Archives of General Psychiatry, 57*(1), 14–20.

6 Thierry, B., Steru, L., Chermat, R. and Simon, P. (1984). Searching–waiting strategy: A candidate for an evolutionary model of depression? *Behavioral and Neural Biology, 41*(2), 180–189.

7 Barr, R., Green, J. and Hopkins, B. (eds) (2000). *Crying as a Sign, a Symptom, and a Signal.* Cambridge: Cambridge University Press.

8 Forgas, J. P. and East, R. (2008). On being happy and gullible: Mood effects on skepticism and the detection of deception. *Journal of Experimental Social Psychology, 44*(5), 1362–1367.

9   The founder of positive psychology, Martin Seligman, has written that 'meaning consists in knowing what your highest strengths are, and then using them to belong to and serve something you believe is larger than the self'. See Seligman, M. E. P., Ernst, R. M., Gillham, J., Reivich, K. and Linkins, M. (2009). Positive education: Positive psychology and classroom interventions. *Oxford Review of Education*, *35*(3), 293–311, at p. 296.

10 Tedeschi, R. G. and Calhoun, L. G. (1996). The posttraumatic growth inventory: Measuring the positive legacy of trauma. *Journal of Traumatic Stress*, *9*(3), 455–471.

11 Pirsig, R. M. (1989). *Zen and the Art of Motorcycle Maintenance*. London: Arrow Books, at p. 416.

12 Gibran, K. (1995). *The Voice of Kahlil Gibran: An Anthology* (R. Waterfield, ed.). London: Arkana, at p.167.

13 Rumi, J. (1998). *The Rumi Collection: An Anthology of Translations of Mevlâna Jalâluddin Rumi* (K. Helminski, ed.). Boston: Shambhala, at p. 228.

14 Lewis, C. S. (1988). *The Four Loves*. New York: A Harvest Book/ Harcourt Brace & Company, at p. 121.

15 Bauman, Z. (2013). *Liquid Love: On the Frailty of Human Bonds*. New York: John Wiley and Sons, at p. 6.

Chapter 2

1   Friedman, H. S., Tucker, J. S., Tomlinson-Keasey, C., Schwartz, J. E., Wingard, D. L. and Criqui, M. H. (1993). Does childhood personality predict longevity? *Journal of Personality and Social Psychology*, *65*, 176–185.

2   Barlow, D. H. (2002). *Anxiety and its Disorders: The Nature and Treatment of Anxiety and Panic* (2nd edn). New York: Guilford Press. See p. 104 for definitions of fear and anxiety.

3   Hadfield, C. (2013). *An Astronaut's Guide to Life on Earth*. London: Macmillan, at p. 54.

4   The first is: Kappes, H. B. and Oettingen, G. (2011). Positive fantasies about idealized futures sap energy. *Journal of Experimental Social Psychology*, *47*(4), 719–729. The second is: Kappes, H. B., Sharma, E. and Oettingen, G. (2013). Positive fantasies dampen charitable giving when many resources are demanded. *Journal of Consumer Psychology*, *23*(1), 128–135. The third is: Kappes, H. B., Oettingen, G. and Mayer, D. (2012). Positive fantasies predict low academic achievement in disadvantaged students. *European Journal of Social Psychology*, *42*(1), 53–64.

5   Kappes, H. B. and Oettingen, G. (2011). Positive fantasies about

idealized futures sap energy. *Journal of Experimental Social Psychology, 47*(4), 719–729.

6 Kappes, H. B., Sharma, E. and Oettingen, G. (2013). Positive fantasies dampen charitable giving when many resources are demanded. *Journal of Consumer Psychology, 23*(1), 128–135.

7 Kappes, H. B., Oettingen, G. and Mayer, D. (2012). Positive fantasies predict low academic achievement in disadvantaged students. *European Journal of Social Psychology, 42*(1), 53–64.

8 Stadler, G., Oettingen, G. and Gollwitzer, P. M. (2010). Intervention effects of information and self-regulation on eating fruits and vegetables over two years. *Health Psychology, 29*(3), 274–283.

9 Robinson, M. (2012). Titanic needed '50% more lifeboats' and had just six life buoys as new documents reveal astonishing cover-up of safety warnings. *Daily Mail*, 31 October.

10 Kierkegaard, S. (1844/1980). *The Concept of Anxiety*. (Trans. and ed. R. Thomte and A. B. Anderson.) Princeton, NJ: Princeton University Press, at p. 155.

11 Kierkegaard, S. (2000). *The Essential Kierkegaard* (H. V. Hong & E. H. Hong Eds.). Princeton, NJ: Princeton University Press, at p. 138.

Chapter 3

1 Tetlock, P. E., Kristel, O. V., Elson, S. B., Green, M. C. and Lerner, J. S. (2000). The psychology of the unthinkable: Taboo trade-offs, forbidden base rates, and heretical counterfactuals. *Journal of Personality and Social Psychology, 78*(5), 853–870.

2 Cited in McLynn, F. (2011). *Marcus Aurelius: Warrior, Philosopher, Emperor*. London: The Bodley Head, at p. 588.

3 Eterovich, F. H. (1980). *Aristotle's Nicomachean Ethics: Commentary and Analysis*. Washington DC: University Press of America, at p. 40.

4 Ross, L. (1977). The intuitive psychologist and his shortcomings: Distortions in the attribution process. In L. Berkowitz (ed.), *Advances in Experimental Social Psychology* (pp. 173–220). New York: Academic Press.

5 Rozin, P., Lowery, L., Imada, S. and Haidt, J. (1999). The CAD triad hypothesis: A mapping between three moral emotions (contempt, anger, disgust) and three moral codes (community, autonomy, divinity). *Journal of Personality and Social Psychology, 76*(4), 574–586.

6 Shweder, R. A., Much, N. C., Mahapatra, M. and Park, L. (1997). The 'Big Three' of morality (autonomy, community, divinity) and the 'Big Three' explanations of suffering. In A. Brandt and P.

Rozin (eds), *Morality and Health* (pp. 119–169). London: Routledge.

7 Kerby, S. (2013). The top 10 most startling facts about people of color and criminal justice in the United States. Fact sheet. Washington, DC: Center for American Progress.

8 DeNavas-Walt, C. and Proctor, B. D. (2015). *Income and Poverty in the United States: 2014*. Washington: United States Census Bureau.

9 Wollstonecraft, M. (1792/1990). *A Vindication of the Rights of Woman*. Buffalo, NY: Prometheus Books.

10 Office for National Statistics (2014). *Annual Survey of Hours and Earnings, 2014 Provisional Results*. London: Office for National Statistics.

11 Office of National Statistics (2012). *Measuring National Well-being – Health*. London: Office for National Statistics.

12 Ministry of Justice (2012). *Statistics on Women and the Criminal Justice System 2011*. London: Ministry of Justice.

13 Torres, E. (2015). Philippines murder highlights the threat facing trade unionists. *Equal Times*, 24 March.

14 Camus, A. (1956). *The Rebel: An Essay on Man in Revolt* (A. Bower, Trans.). New York: Vintage.

15 Neff, K. D. and Germer, C. K. (2013). A pilot study and randomized controlled trial of the mindful self-compassion program. *Journal of Clinical Psychology, 69*(1), 28–44.

16 Salzberg, S. (2004). *Loving-Kindness: The Revolutionary Art of Happiness*. Boston, MA: Shambhala Publications.

17 Institute for Global Labour and Human Rights (2014). Factory collapse in Bangladesh. Fact sheet. Pittsburgh, PA: Institute for Global Labour and Human Rights.

18 Grappi, S., Romani, S. and Bagozzi, R. P. (2013). Consumer response to corporate irresponsible behavior: Moral emotions and virtues. *Journal of Business Research, 66*(10), 1814–1821; Grappi, S., Romani, S. and Bagozzi, R. (2015). Consumer stakeholder responses to reshoring strategies. *Journal of the Academy of Marketing Science, 43*(4), 453–471.

19 MenCare (2015). *State of the World's Fathers*. Washington, DC: MenCare.

20 McNulty, J. K. and Fincham, F. D. (2011). Beyond positive psychology? Toward a contextual view of psychological processes and well-being. *American Psychologist, 67*(2), 101–110.

21 Lundahl, B. W., Taylor, M. J., Stevenson, R. and Roberts, K. D. (2008). Process-based forgiveness interventions: A meta-analytic review. *Research on Social Work Practice, 18*(5), 465–478.

22 Calhoun, L. G. and Tedeschi, R. G. (2014). *Handbook of Posttraumatic Growth: Research and Practice*. New York: Routledge.

Chapter 4

1   Zhong, C.-B. and Liljenquist, K. (2006). Washing away your sins: Threatened morality and physical cleansing. *Science, 313*(5792), 1451–1452.

2   Also reported in Zhong, C.-B. and Liljenquist, K. (2006). Washing away your sins: Threatened morality and physical cleansing. *Science, 313*(5792), 1451–1452.

3   Ronson, J. (2015). *So You've Been Publicly Shamed*. London: Picador.

4   Kohlberg, L. (1968). Stage and sequence: The cognitive-developmental approach to socialization. In D. A. Goslin (ed.), *Handbook of Socialization Theory and Research* (pp. 347–480). London: Rand McNally.

5   Maslow, A. H. (1943). A theory of human motivation. *Psychological Review, 50*(4), 370–396.

6   Jung, C. G. (1939/1963). *The Integration of the Personality*. (Trans. S. Dell.) London: Routledge and Kegan Paul.

7   Milgram, S. (1963). Behavioral study of obedience. *Journal of Abnormal and Social Psychology, 67*(4), 371–378.

8   Arendt, H. (1963). *Eichmann in Jerusalem*. New York: Penguin.

9   Tucker, A. W. (1983). The mathematics of Tucker: A sampler. *The Two-Year College Mathematics Journal, 14*(3), 228–232.

10 Ketelaar, T. and Tung Au, W. (2003). The effects of feelings of guilt on the behaviour of uncooperative individuals in repeated social bargaining games: An affect-as-information interpretation of the role of emotion in social interaction. *Cognition and Emotion, 17*(3), 429–453.

11 Baumeister, R. F., Stillwell, A. M. and Heatherton, T. F. (1995). Personal narratives about guilt: Role in action control and interpersonal relationships. *Basic and Applied Social Psychology, 17*(1–2), 173–198.

12 Mulder, R., Pouwelse, M., Lodewijkx, H. and Bolman, C. (2014). Workplace mobbing and bystanders' helping behaviour towards victims: The role of gender, perceived responsibility and anticipated stigma by association. *International Journal of Psychology, 49*(4), 304–312.

13 Waytz, A., Dungan, J. and Young, L. (2013). The whistleblower's dilemma and the fairness–loyalty tradeoff. *Journal of Experimental Social Psychology, 49*(6), 1027–1033.

14 Baumard, N. and Chevallier, C. (2012). What goes around comes around: The evolutionary roots of the belief in immanent justice. *Journal of Cognition and Culture, 12*(1–2), 67–80.

15 Hoffman, D., Carter, D., Lopez, C., Benzmiller, H., Guo, A., Latifi, S. and Craig, D. (2015). *Report to the Special Committee of*

The Positive Power of Negative Emotions

the Board of Directors of the American Psychological Association: Independent Review Relating to APA Ethics Guidelines, National Security Interrogations, and Torture. Chicago: Sidley Austin.

16 Clay, R. A. (2016). Jean Maria Arrigo wins AAAS award. *Monitor on Psychology, 47*(4), 8.

17 Cosley, B. J., McCoy, S. K., Saslow, L. R. and Epel, E. S. (2010). Is compassion for others stress buffering? Consequences of compassion and social support for physiological reactivity to stress. *Journal of Experimental Social Psychology, 46*(5), 816–823.

18 Kim, J.-W., Kim, S.-E., Kim, J.-J., Jeong, B., Park, C.-H., Son, A. R. and Ki, S. W. (2009). Compassionate attitude towards others' suffering activates the mesolimbic neural system. *Neuropsychologia, 47*(10), 2073–2081.

19 Fredrickson, B. L., Cohn, M. A., Coffey, K. A., Pek, J. and Finkel, S. M. (2008). Open hearts build lives: Positive emotions, induced through loving-kindness meditation, build consequential personal resources. *Journal of Personality and Social Psychology, 95*(5), 1045–1062.

Chapter 5

1 Grolleau, G., Mzoughi, N. and Sutan, A. (2006). Do you envy others competitively or destructively? An experimental and survey investigation. Working paper.

2 Thomason, K. K. (2015). The moral value of envy. *Southern Journal of Philosophy, 53*(1), 36–53.

3 Maslow, A. H. (1968). *Toward a Psychology of Being.* Princeton, NJ: Van Nostrand, at p. 14.

4 In his earlier writings, Maslow identified only five levels. However, later in life, he began to feel that the fifth level – 'self-actualisation' – should be divided, giving rise to a sixth level: 'self-transcendence'. See Koltko-Rivera, M. E. (2006). Rediscovering the later version of Maslow's hierarchy of needs: Self-transcendence and opportunities for theory, research, and unification. *Review of General Psychology, 10*(4), 302–317.

5 van de Ven, N., Zeelenberg, M. and Pieters, R. (2009). Leveling up and down: The experiences of benign and malicious envy. *Emotion, 9*(3), 419–429.

6 Broughton, N., Kanabar, R. and Martin, N. (2015). *Wealth in the Downturn: Winners and Losers.* London: Social Market Foundation.

7 Helliwell, J. F., Layard, R. and Sachs, J. (eds) (2016). *World Happiness Report.* Geneva: United Nations Sustainable Development Solutions Network.

8 Schwartz, B. (2000). Self-determination: The tyranny of freedom. *American Psychologist*, *55*(1), 79–88.

9 Easterlin, R. A. (1974). Does economic growth improve the human lot? Some empirical evidence. In R. David and R. Reder (eds), *Nations and Households in Economic Growth: Essays in Honor of Moses Abramovitz* (Vol. 89, pp. 89–125). New York: Academic Press.

10 Easterlin, R. A. (1995). Will raising the incomes of all increase the happiness of all? *Journal of Economic Behavior and Organization*, *27*(1), 35–47.

11 Wilkinson, R. G. and Pickett, K. (2010). *The Spirit Level: Why More Equal Societies Almost Always Do Better*. London: Allen Lane.

12 Hyyppä, M. T. and Mäki, J. (2001). Why do Swedish-speaking Finns have longer active life? An area for social capital research. *Health Promotion International*, *16*(1), 55–64; Hyyppä, M. T. and Mäki, J. (2003). Social participation and health in a community rich in stock of social capital. *Health Education Research*, *18*(6), 770–779.

13 Reported in The Sun News editorial, Myrtle Beach, SC, 22 March 2014: Bestler, Bob. 'Words of Wisdom from Vonnegut.' Myrtle Beach, SC: The Sun News, 22 March 2014. Print. Cited in O'Connell, F. (2015). *Stuff I Wish I'd Known when I Started Working*. Chichester: John Wiley & Sons, at p. 61.

Chapter 6

1 Pirsig, R. M. (1989). *Zen and the Art of Motorcycle Maintenance*. London: Arrow Books, at p. 29.

2 Pirsig, R. M. (1989). *Zen and the Art of Motorcycle Maintenance*. London: Arrow Books, at p. 321.

3 Dickens, C. (1853). *Bleak House* (Vol. 1). London: Bradbury & Evans, at p. 6.

4 Hecht, J. M. (2013). *Stay: A History of Suicide and the Philosophies against it*. New Haven: Yale University Press, at p. 42.

5 Szasz, T. S. (2002). *Fatal Freedom: The Ethics and Politics of Suicide*. New York: Syracuse University Press.

6 Klapp, O. (1986). *Overload and Boredom: Essays on the Quality of Life in the Information Society*. New York: Greenwood Place.

7 Carroll, L. (2010). *Alice's Adventures in Wonderland*. London: Harper Press, at p. 1.

8 Iyengar, S. S. and Lepper, M. R. (2000). When choice is demotivating: Can one desire too much of a good thing? *Journal of Personality and Social Psychology*, *79*(6), 995–1006.

9   Sunstein, C. R. (2015). *Choosing Not to Choose: Understanding the Value of Choice*. Oxford: Oxford University Press.

10   Kierkegaard, S. (1834/1957). *The Concept of Dread* (2nd edn). (Trans. W. Lowrie.) Princeton, NJ: Princeton University Press.

11   Sartre, J.-P. (1952). *Existentialism and Humanism*. (Trans. P. Mairet.) Paris: Methuen.

12   Gladwell, M. (2008). *Outliers: The Story of Success*. London: Hachette.

13   Ericsson, K. A., Prietula, M. J. and Cokely, E. T. (2007). The making of an expert. *Harvard Business Review*, *85*(7/8), 114–120.

14   Csikszentmihalyi, M. (1990). *Flow: The Psychology of Optimal Experience*. New York: Harper Perennial.

15   Cage, J. (1939). *Silence*. Hanover, NH: Wesleyan University Press, at p. 93.

16   Posner, M. I. and Petersen, S. E. (1990). The attention system of the human brain. *Annual Review of Neuroscience*, *13*(1), 25–42.

17   Nietzsche, F. (1882/2001). *The Gay Science: With a Prelude in German Rhymes and an Appendix of Songs* (J. Nauckhoff, Trans. B. Williams ed.). Cambridge: Cambridge University Press, at p. 57.

18   Raichle, M. E., MacLeod, A. M., Snyder, A. Z., Powers, W. J., Gusnard, D. A. and Shulman, G. L. (2001). A default mode of brain function. *Proceedings of the National Academy of Sciences*, *98*(2), 676–682.

19   Takeuchi, H., Taki, Y., Hashizume, H., Sassa, Y., Nagase, T., Nouchi, R. and Kawashima, R. (2012). The association between resting functional connectivity and creativity. *Cerebral Cortex*, *22*(12), 2921–2929

20   Andrews-Hanna, J. R., Smallwood, J. and Spreng, R. N. (2014). The default network and self-generated thought: Component processes, dynamic control, and clinical relevance. *Annals of the New York Academy of Sciences*, *1316*(1), 29–52.

21   Abraham, A. (2013). The world according to me: Personal relevance and the medial prefrontal cortex. *Frontiers in Human Neuroscience*, *7*, 341.

22   Greicius, M. D., Krasnow, B., Reiss, A. L. and Menon, V. (2003). Functional connectivity in the resting brain: A network analysis of the default mode hypothesis. *Proceedings of the National Academy of Sciences*, *100*(1), 253–258.

23   Schott, G. (2011). Doodling and the default network of the brain. *The Lancet*, *378*(9797), 1133–1134.

24   Heller, J. (1955/2004). *Catch-22*. London: Vintage, at p. 43.

25   Heller, J. (1955/2004). *Catch-22*. London: Vintage, at p. 44.

26   Watt, J. D. (1991). Effect of boredom proneness on time perception. *Psychological Reports*, *69*(1), 323–327.

27 Heidegger, M. (1938/2001). *The Fundamental Concepts of Metaphysics: World, Finitude, Solitude*. Bloomington: Indiana University Press.

28 Brodsky, J. (1997). *On Grief and Reason: Essays*. Harmondsworth: Penguin, at p. 109.

29 Osho. (2015). *The Great Zen Master Ta Hui: Reflections on the Transformation of an Intellectual to Enlightenment*. New York: Osho Media International, at p. 486.

Chapter 7

1 Tillich, P. (1963). *The Eternal Now*. New York: Scribner. Cited in Lionberger, J. (2007). *Renewal in the Wilderness: A Spiritual Guide to Connecting with God in the Natural World*. Woodstock, Vermont: SkyLight Paths Publishing, at p. 121.

2 Robinson, H., MacDonald, B., Kerse, N. and Broadbent, E. (2013). The psychosocial effects of a companion robot: A randomized controlled trial. *Journal of the American Medical Directors Association, 14*(9), 661–667.

3 Heidegger, M. (1927). *Being and Time*. (Trans. J. MacQuarrie and E. Robinson.) London: Blackwell.

4 Asch, S. E. (1956). Studies of independence and conformity: A minority of one against a unanimous majority. *Psychological monographs: General and Applied, 70*(9), 1–70.

5 Rousseau, J.-J. (1782/1953). *Confessions*. (Trans. J. M. Cohen.) Baltimore, MD: Penguin.

6 Taylor, C. (1989). *Sources of the Self: The Making of the Modern Identity*. Cambridge, MA: Harvard University Press.

7 Cooper, M. (1970). *Beethoven: The Last Decade*. London: Oxford University Press, at p. 11.

8 Storr, A. (1989). *Solitude*. London: Flamingo.

9 Kafka, F. (1974). *Letters to Felice*. (Trans. J. Stern and E. Duckworth; eds E. Heller and J. Born.) London: Vintage, at pp. 155–156.

10 Lomas, T., Cartwright, T., Edginton, T. and Ridge, D. (2014). A religion of wellbeing? The appeal of Buddhism to men in London, UK. *Psychology of Religion and Spirituality, 6*(3), 198–207.

11 Lomas, T., Cartwright, T., Edginton, T. and Ridge, D. (2013). 'I was so done in that I just recognized it very plainly, "You need to do something"': Men's narratives of struggle, distress and turning to meditation. *Health, 17*(2), 191–208.

12 Connell, R. W. (1995). *Masculinities*. Berkeley: University of California Press.

13 Saint Ignatius of Loyola (2012). *Saint Ignatius: The Spiritual*

Writings. Selections Annotated and Explained (M. Mossa, ed.). Woodstock, Vermont: Skylight Paths Publishing, at p. 61.

14 Emerson, R. W. (1987). *The Essays of Ralph Waldo Emerson* (A. R. Ferguson & J. F. Carr, eds). Boston: Harvard University Press, at p. 160

15 Keltner, D. and Haidt, J. (2003). Approaching awe, a moral, spiritual, and aesthetic emotion. *Cognition and Emotion, 17*(2), 297–314, at p. 297.

16 Blake, W. (1863/2000). *Selected Poetry and Prose* (D. Fuller, ed.). Harlow, England: Longman, at p. 285.

Chapter 8

1 O'Leary, V. E. and Ickovics, J. R. (1994). Resilience and thriving in response to challenge: An opportunity for a paradigm shift in women's health. *Women's Health, 1*(2), 121–142.

2 Tedeschi, R. G. and Calhoun, L. G. (1996). The Posttraumatic Growth Inventory: Measuring the positive legacy of trauma. *Journal of Traumatic Stress, 9*(3), 455–471.

3 Calhoun, L. G. and Tedeschi, R. G. (2014). *Handbook of Posttraumatic Growth: Research and Practice.* New York: Routledge.

4 Linley, P. A. and Joseph, S. (2004). Positive change processes following trauma and adversity: A review of the empirical literature. *Journal of Traumatic Stress, 17*, 11–22.

5 Joseph, S. (2012). *What Doesn't Kill Us: The New Psychology of Posttraumatic Growth.* London: Piatkus.

6 Joseph, S. (2012). *What Doesn't Kill Us: The New Psychology of Posttraumatic Growth.* London: Piatkus.

7 Ehrenreich, B. (2009). *Smile or Die: How Positive Thinking Fooled America and the World.* London: Granta.

8 Campbell, J. (1949). *The Hero with a Thousand Faces.* Novato, CA: New World Library.

9 Nietzsche, F. (1888/1976). Twilight of the idols. In W. Kaufmann (ed.), *The Portable Nietzsche.* New York: Penguin, at p. 468.

10 Frankl, V. E. (1963). *Man's Search for Meaning: An Introduction to Logotherapy.* New York: Washington Square Press, at p. 69.

11 Southwick, S. M., Gilmartin, R., Mcdonough, P. and Morrissey, P. (2006). Logotherapy as an adjunctive treatment for chronic combat-related PTSD: A meaning-based intervention. *American Journal of Psychotherapy, 60*(2), 161–174.

12 Lomas, T., Cartwright, T., Edginton, T. and Ridge, D. (2013). 'I was so done in that I just recognized it very plainly, "You need to do something"': Men's narratives of struggle, distress and turning to meditation. *Health, 17*(2), 191–208.

13 Aquinas, S. T. (1273/1981). *Summa Theologia*, 1. 63. 3. Cited in Coomaraswamy, A. K. (1988). *Selected letters of Ananda K. Coomaraswamy* (A. Moore, ed.). Delhi: Oxford University Press, at p. 155.

Further Resources

1 I am drawing here on Jerome Wakefield's influential notion of disorder as 'harmful dysfunction', in which an emotion can be deemed a disorder if it is both harmful and dysfunctional. See Wakefield, J. C. (1992). Disorder as harmful dysfunction: A conceptual critique of *DSM-III-R*'s definition of mental disorder. *Psychological Review, 99*(2), 232–247.

2 Wolpert, L. (1999). *Malignant Sadness: The Anatomy of Depression*. London: Faber and Faber.

Bibliography

Books

à Kempis, T. (1418–1427/1952). *The Imitation of Christ*. (Trans. L. Sherley-Price.) New York: Penguin Classics.

Arendt, H. (1963). *Eichmann in Jerusalem*. New York: Penguin.

Barlow, D. H. (2002). *Anxiety and Its Disorders: The Nature and Treatment of Anxiety and Panic* (2nd edn). New York: Guilford Press.

Barr, R., Green, J. and Hopkins, B. (eds) (2000). *Crying as a Sign, a Symptom, and a Signal*. Cambridge: Cambridge University Press.

Bauman, Z. (2013). *Liquid Love: On the Frailty of Human Bonds*. New York: John Wiley and Sons.

Blake, W. (1863/2000). *Selected Poetry and Prose* (D. Fuller, ed.). Harlow, England: Longman, at p. 285.

Brodsky, J. (1997). *On Grief and Reason: Essays*. Harmondsworth: Penguin.

Cage, J. (1939). *Silence*. Hanover, NH: Wesleyan University Press.

Calhoun, L. G. and Tedeschi, R. G. (2014). *Handbook of Posttraumatic Growth: Research and Practice*. New York: Routledge.

Camus, A. (1956). *The Rebel: An Essay on Man in Revolt* (A. Bower, trans.). New York: Vintage.

Carroll, L. (2010). *Alice's Adventures in Wonderland*. London: Harper Press.

Connell, R. W. (1995). *Masculinities*. Berkeley: University of California Press.

Coomaraswamy, A. K. (1988). *Selected letters of Ananda K. Coomaraswamy* (A. Moore, ed.). Delhi: Oxford University Press.

Cooper, M. (1970). *Beethoven: The Last Decade*. London: Oxford University Press.

Csikszentmihalyi, M. (1990). *Flow: The Psychology of Optimal Experience*. New York: Harper Perennial.

Dickens, C. (1853). *Bleak House* (Vol. 1). London: Bradbury & Evans.

Ehrenreich, B. (2009). *Smile or Die: How Positive Thinking Fooled America and the World*. London: Granta.

Emerson, R. W. (1987). *The Essays of Ralph Waldo Emerson* (A. R. Ferguson & J. F. Carr, eds). Boston: Harvard University Press.

Eterovich, F. H. (1980). *Aristotle's Nicomachean Ethics: Commentary and Analysis*. Washington DC: University Press of America.

Frankl, V. E. (1963). *Man's Search for Meaning: An Introduction to Logotherapy*. New York: Washington Square Press.

Gibran, K. (1995). *The Voice of Kahlil Gibran: An Anthology* (R. Waterfield, ed.). London: Arkana.

Gladwell, M. (2008). *Outliers: The Story of Success*. London: Hachette.

Hadfield, C. (2013). *An Astronaut's Guide to Life on Earth*. London: Macmillan.

Hecht, J. M. (2013). *Stay: A History of Suicide and the Philosophies against it.* New Haven: Yale University Press.

Heidegger, M. (1927). *Being and Time.* (J. MacQuarrie and E. Robinson, trans.) London: Blackwell.

Heidegger, M. (1938/2001). *The Fundamental Concepts of Metaphysics: World, Finitude, Solitude.* Bloomington: Indiana University Press.

Heller, J. (1955/2004). *Catch-22.* London: Vintage.

Joseph, S. (2012). *What Doesn't Kill Us: The New Psychology of Posttraumatic Growth.* London: Piatkus.

Jung, C. G. (1939/1963). *The Integration of the Personality.* (S. Dell, trans.) London: Routledge and Kegan Paul.

Kafka, F. (1974). *Letters to Felice.* (J. Stern and E. Duckworth, trans; E. Heller and J. Born, eds,) London: Vintage.

Kierkegaard, S. (1834/1957). *The Concept of Dread* (2nd edn). (W. Lowrie, trans.) Princeton, NJ: Princeton University Press.

Kierkegaard, S. (1944/1980). *The Concept of Anxiety* (R. Thomte and A. B. Anderson, trans. and ed. .) Princeton, NJ: Princeton University Press.

Kierkegaard, S. (2000). *The Essential Kierkegaard* (H. V. Hong and E. H. Hong, eds.). Princeton, NJ: Princeton University Press.

Klapp, O. (1986). *Overload and Boredom: Essays on the Quality of Life in the Information Society.* New York: Greenwood Place.

Lewis, C. S. (1988). *The Four Loves.* New York: A Harvest Book/ Harcourt Brace & Company.

Lionberger, J. (2007). *Renewal in the Wilderness: A Spiritual Guide to Connecting with God in the Natural World.* Woodstock, Vermont: SkyLight Paths Publishing.

Maslow, A. H. (1968). *Toward a Psychology of Being.* Princeton, NJ: Van Nostrand

McLynn, F. (2011). *Marcus Aurelius: Warrior, Philosopher, Emperor.* London: The Bodley Head.

Nietzsche, F. (1888/1976). Twilight of the idols. In W. Kaufmann (ed.), *The Portable Nietzsche.* New York: Penguin.

Nietzsche, F. (1882/2001). *The Gay Science: With a Prelude in German Rhymes and an Appendix of Songs* (J. Nauckhoff, trans.; B. Williams, ed.). Cambridge: Cambridge University Press.

O'Connell, F. (2015). *Stuff I Wish I'd Known when I Started Working.* Chichester: John Wiley & Sons.

Osho. (2015). *The Great Zen Master Ta Hui: Reflections on the Transformation of an Intellectual to Enlightenment.* New York: Osho Media International.

Pirsig, R. M. (1989). *Zen and the Art of Motorcycle Maintenance.* London: Arrow Books.

Ronson, J. (2015). *So You've Been Publicly Shamed.* London: Picador.

Rousseau, J.-J. (1782/1953). *Confessions.* (J. M. Cohen, trans. .) Baltimore, MD: Penguin.

Rumi, J. (1998). *The Rumi Collection: An Anthology of Translations of Mevlâna Jalâluddin Rumi* (K. Helminski, ed.). Boston: Shambhala.

Saint Ignatius of Loyola (2012). *Saint Ignatius: The Spiritual Writings. Selections Annotated and Explained* (M. Mossa, ed.). Woodstock, Vermont: Skylight Paths Publishing.

Salzberg, S. (2004). *Loving-Kindness: The Revolutionary Art of Happiness.* Boston, MA: Shambhala Publications.

Sartre, J.-P. (1952). *Existentialism and Humanism.* (P. Mairet, trans.) Paris: Methuen.

Storr, A. (1989). *Solitude.* London: Flamingo.

Sunstein, C. R. (2015). *Choosing Not to Choose: Understanding the Value of Choice.* Oxford: Oxford University Press.

Szasz, T. S. (2002). *Fatal Freedom: The Ethics and Politics of Suicide*. New York: Syracuse University Press.

Taylor, C. (1989). *Sources of the Self: The Making of the Modern Identity*. Cambridge, MA: Harvard University Press.

Tillich, P. (1963). *The Eternal Now*. New York: Scribner.

Wilkinson, R. G. and Pickett, K. (2010). *The Spirit Level: Why More Equal Societies Almost Always Do Better*. London: Allen Lane.

Wollstonecraft, M. (1792/1990). *A Vindication of the Rights of Woman*. Buffalo, NY: Prometheus Books.

Wolpert, L. (1999). *Malignant Sadness: The Anatomy of Depression*. London: Faber and Faber.

Articles, Chapters and Reports

Abraham, A. (2013). The world according to me: Personal relevance and the medial prefrontal cortex. *Frontiers in Human Neuroscience, 7*, 341.

Andrews-Hanna, J. R., Smallwood, J. and Spreng, R. N. (2014). The default network and self-generated thought: Component processes, dynamic control, and clinical relevance. *Annals of the New York Academy of Sciences, 1316*(1), 29–52.

Asch, S. E. (1956). Studies of independence and conformity: A minority of one against a unanimous majority. *Psychological Monographs: General and Applied, 70*(9), 1–70.

Baumard, N. and Chevallier, C. (2012). What goes around comes around: The evolutionary roots of the belief in immanent justice. *Journal of Cognition and Culture, 12*(1–2), 67–80.

Baumeister, R. F., Stillwell, A. M. and Heatherton, T. F. (1995). Personal narratives about guilt: Role in action control and interpersonal relationships. *Basic and Applied Social Psychology, 17*(1–2), 173–198.

Bestler, Bob (2014) 'Words of Wisdom from Vonnegut.' Myrtle Beach, SC: The Sun News, 22 March 2014.

Broughton, N., Kanabar, R. and Martin, N. (2015). *Wealth in the Downturn: Winners and Losers.* London: Social Market Foundation.

Clay, R. A. (2016). Jean Maria Arrigo wins AAAS award. *Monitor on Psychology, 47*(4), 8.

Cosley, B. J., McCoy, S. K., Saslow, L. R. and Epel, E. S. (2010). Is compassion for others stress buffering? Consequences of compassion and social support for physiological reactivity to stress. *Journal of Experimental Social Psychology, 46*(5), 816–823.

DeNavas-Walt, C. and Proctor, B. D. (2015). *Income and Poverty in the United States: 2014.* Washington, DC: United States Census Bureau.

Easterlin, R. A. (1974). Does economic growth improve the human lot? Some empirical evidence. In R. David and R. Reder (eds), *Nations and Households in Economic Growth: Essays in Honor of Moses Abramovitz* (Vol. 89, pp. 89–125). New York: Academic Press.

Easterlin, R. A. (1995). Will raising the incomes of all increase the happiness of all? *Journal of Economic Behavior and Organization, 27*(1), 35–47.

Ericsson, K. A., Prietula, M. J. and Cokely, E. T. (2007). The making of an expert. *Harvard Business Review, 85*(7/8), 114–120.

Forgas, J. P. and East, R. (2008). On being happy and gullible: Mood effects on skepticism and the detection of deception. *Journal of Experimental Social Psychology, 44*(5), 1362–1367.

Fredrickson, B. L., Cohn, M. A., Coffey, K. A., Pek, J. and Finkel, S. M. (2008). Open hearts build lives: Positive emotions, induced through loving-kindness meditation, build consequential personal resources. *Journal of Personality and Social Psychology, 95*(5), 1045–1062.

Friedman, H. S., Tucker, J. S., Tomlinson-Keasey, C., Schwartz, J. E., Wingard, D. L. and Criqui, M. H. (1993). Does childhood personality predict longevity? *Journal of Personality and Social Psychology, 65*, 176–185.

Grappi, S., Romani, S. and Bagozzi, R. P. (2013). Consumer response to corporate irresponsible behavior: Moral emotions and virtues. *Journal of Business Research, 66*(10), 1814–1821.

Grappi, S., Romani, S. and Bagozzi, R. (2015). Consumer stakeholder responses to reshoring strategies. *Journal of the Academy of Marketing Science, 43*(4), 453–471.

Greicius, M. D., Krasnow, B., Reiss, A. L. and Menon, V. (2003). Functional connectivity in the resting brain: A network analysis of the default mode hypothesis. *Proceedings of the National Academy of Sciences, 100*(1), 253–258.

Grolleau, G., Mzoughi, N. and Sutan, A. (2006). Do you envy others competitively or destructively? An experimental and survey investigation. Working paper.

Helliwell, J. F., Layard, R. and Sachs, J. (eds) (2016). *World Happiness Report*. Geneva: United Nations Sustainable Development Solutions Network.

Hoffman, D., Carter, D., Lopez, C., Benzmiller, H., Guo, A., Latifi, S. and Craig, D. (2015). *Report to the Special Committee of the Board of Directors of the American Psychological Association: Independent Review Relating to APA Ethics Guidelines, National Security Interrogations, and Torture*. Chicago: Sidley Austin.

Hyyppä, M. T. and Mäki, J. (2001). Why do Swedish-speaking Finns have longer active life? An area for social capital research. *Health Promotion International, 16*(1), 55–64.

Institute for Global Labour and Human Rights (2014). Factory collapse in Bangladesh. Fact sheet. Pittsburgh, PA: Institute for Global Labour and Human Rights.

Iyengar, S. S. and Lepper, M. R. (2000). When choice is demotivating: Can one desire too much of a good thing? *Journal of Personality and Social Psychology, 79*(6), 995–1006.

Kappes, H. B. and Oettingen, G. (2011). Positive fantasies about idealized futures sap energy. *Journal of Experimental Social Psychology, 47*(4), 719–729.

Kappes, H. B., Oettingen, G. and Mayer, D. (2012). Positive fantasies predict low academic achievement in disadvantaged students. *European Journal of Social Psychology, 42*(1), 53–64.

Kappes, H. B., Sharma, E. and Oettingen, G. (2013). Positive fantasies dampen charitable giving when many resources are demanded. *Journal of Consumer Psychology, 23*(1), 128–135.

Keltner, D. and Haidt, J. (2003). Approaching awe, a moral, spiritual, and aesthetic emotion. *Cognition and Emotion, 17*(2), 297–314.

Kerby, S. (2013). The top 10 most startling facts about people of color and criminal justice in the United States. Fact sheet. Washington, DC: Center for American Progress.

Kessler, R. C., Aguilar-Gaxiola, S., Alonso, J., Chatterji, S., Lee, S., Ormel, J. and Wang, P. S. (2009). The global burden of mental disorders: An update from the WHO World Mental Health (WMH) Surveys. *Epidemiologia e psichiatria sociale, 18*(1), 23–33.

Ketelaar, T. and Tung Au, W. (2003). The effects of feelings of guilt on the behaviour of uncooperative individuals in repeated social bargaining games: An affect-as-information interpretation of the role of emotion in social interaction. *Cognition and Emotion, 17*(3), 429–453.

Kim, J.-W., Kim, S.-E., Kim, J.-J., Jeong, B., Park, C.-H., Son, A. R. and Ki, S. W. (2009). Compassionate attitude towards others' suffering activates the mesolimbic neural system. *Neuropsychologia, 47*(10), 2073–2081.

Klinger, E. (1975). Consequences of commitment to and disengagement from incentives. *Psychological Review, 82*(1), 1–25.

Kohlberg, L. (1968). Stage and sequence: The cognitive-developmental approach to socialization. In D. A. Goslin (ed.), *Handbook of Socialization Theory and Research* (pp. 347–480). London: Rand McNally.

Koltko-Rivera, M. E. (2006). Rediscovering the later version of Maslow's hierarchy of needs: Self-transcendence and opportunities for theory, research, and unification. *Review of General Psychology, 10*(4), 302–317.

Linley, P. A. and Joseph, S. (2004). Positive change processes following trauma and adversity: A review of the empirical literature. *Journal of Traumatic Stress, 17*, 11–22.

Lomas, T., Cartwright, T., Edginton, T. and Ridge, D. (2013). 'I was so done in that I just recognized it very plainly, "You need to do something"': Men's narratives of struggle, distress and turning to meditation. *Health, 17*(2), 191–208.

Lomas, T., Cartwright, T., Edginton, T. and Ridge, D. (2014). A religion of wellbeing? The appeal of Buddhism to men in London, UK. *Psychology of Religion and Spirituality, 6*(3), 198–207.

Lundahl, B. W., Taylor, M. J., Stevenson, R. and Roberts, K. D. (2008). Process-based forgiveness interventions: A meta-analytic review. *Research on Social Work Practice, 18*(5), 465–478.

Maslow, A. H. (1943). A theory of human motivation. *Psychological Review, 50*(4), 370–396.

McNulty, J. K. and Fincham, F. D. (2011). Beyond positive psychology? Toward a contextual view of psychological processes and well-being. *American Psychologist, 67*(2), 101–110.

Milgram, S. (1963). Behavioral study of obedience. *Journal of Abnormal and Social Psychology, 67*(4), 371–378.

Ministry of Justice (2012). *Statistics on Women and the Criminal Justice System 2011*. London: Ministry of Justice.

Mulder, R., Pouwelse, M., Lodewijkx, H. and Bolman, C. (2014). Workplace mobbing and bystanders' helping behaviour towards victims: The role of gender, perceived responsibility and anticipated stigma by association. *International Journal of Psychology, 49*(4), 304–312.

Neff, K. D. and Germer, C. K. (2013). A pilot study and randomized controlled trial of the mindful self-compassion program. *Journal of Clinical Psychology, 69*(1), 28–44.

Nesse, R. M. (2000). Is depression an adaptation? *Archives of General Psychiatry, 57*(1), 14–20.

Office for National Statistics (2012). *Measuring National Well-being – Health*. London: Office for National Statistics.

Office for National Statistics (2014). *Annual Survey of Hours and Earnings, 2014 Provisional Results*. London: Office for National Statistics.

O'Leary, V. E. and Ickovics, J. R. (1994). Resilience and thriving in response to challenge: An opportunity for a paradigm shift in women's health. *Women's Health*, *1*(2), 121–142.

Posner, M. I. and Petersen, S. E. (1990). The attention system of the human brain. *Annual Review of Neuroscience*, *13*(1), 25–42.

Raichle, M. E., MacLeod, A. M., Snyder, A. Z., Powers, W. J., Gusnard, D. A. and Shulman, G. L. (2001). A default mode of brain function. *Proceedings of the National Academy of Sciences*, *98*(2), 676–682.

Robinson, H., MacDonald, B., Kerse, N. and Broadbent, E. (2013). The psychosocial effects of a companion robot: A randomized controlled trial. *Journal of the American Medical Directors Association*, *14*(9), 661–667.

Ross, L. (1977). The intuitive psychologist and his shortcomings: Distortions in the attribution process. In L. Berkowitz (ed.), *Advances in Experimental Social Psychology* (pp. 173–220). New York: Academic Press.

Rozin, P., Lowery, L., Imada, S. and Haidt, J. (1999). The CAD triad hypothesis: A mapping between three moral emotions (contempt, anger, disgust) and three moral codes (community, autonomy, divinity). *Journal of Personality and Social Psychology*, *76*(4), 574–586.

Schott, G. (2011). Doodling and the default network of the brain. *The Lancet*, *378*(9797), 1133–1134.

Schwartz, B. (2000). Self-determination: The tyranny of freedom. *American Psychologist*, *55*(1), 79–88.

Seligman, M. E. P., Ernst, R. M., Gillham, J., Reivich, K. and Linkins, M. (2009). Positive education: Positive psychology and classroom interventions. *Oxford Review of Education*, *35*(3), 293–311.

Shweder, R. A., Much, N. C., Mahapatra, M. and Park, L. (1997). The 'Big Three' of morality (autonomy, community, divinity) and the 'Big Three' explanations of suffering. In A. Brandt and P. Rozin (eds), *Morality and Health* (pp. 119–169). London: Routledge.

Southwick, S. M., Gilmartin, R., Mcdonough, P. and Morrissey, P. (2006). Logotherapy as an adjunctive treatment for chronic combat-related PTSD: A meaning-based intervention. *American Journal of Psychotherapy, 60*(2), 161–174.

Stadler, G., Oettingen, G. and Gollwitzer, P. M. (2010). Intervention effects of information and self-regulation on eating fruits and vegetables over two years. *Health Psychology, 29*(3), 274–283.

Takeuchi, H., Taki, Y., Hashizume, H., Sassa, Y., Nagase, T., Nouchi, R. and Kawashima, R. (2012). The association between resting functional connectivity and creativity. *Cerebral Cortex, 22*(12), 2921–2929.

Tedeschi, R. G. and Calhoun, L. G. (1996). The posttraumatic growth inventory: Measuring the positive legacy of trauma. *Journal of Traumatic Stress, 9*(3), 455–471.

Tetlock, P. E., Kristel, O. V., Elson, S. B., Green, M. C. and Lerner, J. S. (2000). The psychology of the unthinkable: Taboo trade-offs, forbidden base rates, and heretical counterfactuals. *Journal of Personality and Social Psychology, 78*(5), 853–870.

Thierry, B., Steru, L., Chermat, R. and Simon, P. (1984). Searching–waiting strategy: A candidate for an evolutionary model of depression? *Behavioral and Neural Biology, 41*(2), 180–189.

Thomason, K. K. (2015). The moral value of envy. *Southern Journal of Philosophy, 53*(1), 36–53.

Torres, E. (2015). Philippines murder highlights the threat facing trade unionists. *Equal Times*, 24 March.

Tucker, A. W. (1983). The mathematics of Tucker: A sampler. *The Two-Year College Mathematics Journal, 14*(3), 228-232.

van de Ven, N., Zeelenberg, M. and Pieters, R. (2009). Leveling up and down: The experiences of benign and malicious envy. *Emotion, 9*(3), 419–429.

Wakefield, J. C. (1992). Disorder as harmful dysfunction: A conceptual critique of *DSM-III-R*'s definition of mental disorder. *Psychological Review, 99*(2), 232–247.

Watt, J. D. (1991). Effect of boredom proneness on time perception. *Psychological Reports, 69*(1), 323–327.

Waytz, A., Dungan, J. and Young, L. (2013). The whistleblower's dilemma and the fairness–loyalty tradeoff. *Journal of Experimental Social Psychology, 49*(6), 1027–1033.

World Health Organisation (2006). *World Health Statistics 2006.* Geneva: World Health Organisation.

Zhong, C.-B. and Liljenquist, K. (2006). Washing away your sins: Threatened morality and physical cleansing. *Science, 313*(5792), 1451–1452.

國家圖書館出版品預行編目資料

負面情緒的力量：駕馭黑暗的情緒走向更明亮的黎明 /
提姆·洛瑪斯 (Tim Lomas) 著；吳湘湄譯 . -- 初版 . -- 臺
中市：晨星 , 2020.02
面 ； 公分 . -- (勁草生活 ; 459)

譯自： The positive power of negative emotions :
how harnessing your darker feelings can
help you see a brighter dawn

ISBN 978-986-443-957-7 (平裝)

1. 情緒

176.52   108020761

勁草生活 459

負面情緒的力量

駕馭黑暗的情緒走向更明亮的黎明

The Positive Power of Negative Emotions:

How harnessing your darker feelings can help you see a brighter dawn

作者	提姆·洛瑪斯（Tim Lomas）
譯者	吳湘湄
編輯	林鳳儀
封面設計	伍迺儀
美術設計	陳柔含

創辦人	陳銘民
發行所	晨星出版有限公司
	台中市 407 工業區 30 路 1 號
	TEL：(04)23595820　FAX：(04)23550581
	行政院新聞局版台業字第 2500 號
法律顧問	陳思成 律師
初版	西元 2020 年 2 月 20 日初版 1 刷

總經銷	知己圖書股份有限公司
	106 台北市大安區辛亥路一段 30 號 9 樓
	TEL：02-23672044 / 23672047　FAX：02-23635741
	407 台中市西屯區工業 30 路 1 號 1 樓
	TEL：04-23595819　FAX：04-23595493
	E-mail：service@morningstar.com.tw
	網路書店 http://www.morningstar.com.tw
讀者服務專線	04-23595819#230
郵政劃撥	15060393（知己圖書股份有限公司）
印刷	上好印刷股份有限公司

歡迎掃描 QR CODE
填線上回函

定價 350 元
ISBN 978-986-443-957-7